Vera F. Birkenbihl

FRAGE
TECHNIK
schnell trainiert

Weiterführend empfehlen wir zu diesem Buch das ebenfalls von Vera F. Birkenbihl entwickelte Tonkassetten-Seminar

Fragen Sie sich zum Erfolg
4 Tonkassetten mit Begleitbuch (217 Seiten)
sowie einführender Broschüre
ISBN 3-478-06371-X

Vera F. Birkenbihl

FRAGE TECHNIK
schnell trainiert

Das Trainingsprogramm
für Ihre erfolgreiche Gesprächsführung
· Weiterbildungsseminar ·

Die Deutsche Bibliothek – CIP-Einheitsaufnahme

Birkenbihl, Vera F.:
Fragetechnik – Schnell trainiert: d. Trainingsprogramm für
Ihre erfolgreiche Gesprächsführung / Vera F. Birkenbihl. – 3. Aufl. –
München: mvg-Verlag, 1991
ISBN 3-478-07152-6

3. Auflage

© mvg – Moderne Verlagsgesellschaft mbH, München
Umschlaggestaltung: Gruber & König, Augsburg
Druck- und Bindearbeiten: Presse-Druck Augsburg
Printed in Germany 070 152/891 302
ISBN 3-478-07152-6

Vorwort

Sicher akzeptieren Sie den Satz, welchen die Autorin als Grundregel guter Verhandlungs-*führung* bezeichnet: *Wer fragt, führt!*

Aber: Was machen Sie mit dieser Kenntnis? Geht es Ihnen so wie den meisten Seminar-teilnehmern der Autorin? Seien Sie ehrlich:

1. Neigen nicht auch Sie *wider besseres Wissen* immer wieder zu Monologen, be-sonders, wenn die Situation beim Kunden „schwierig" wird?

2. Fragen nicht auch Sie *weniger*, als *möglich* (und sinnvoll) wäre?

3. Überlassen nicht auch Sie *zu oft* Ihrem Kunden die Initiative, d.h. die Ge-sprächs*führung* und damit die Kontrolle des Gesprächs?

Wenn Sie alle drei Fragen eindeutig verneinen können, dann sind Sie außergewöhnlich. Vielleicht kennen Sie andere Menschen, denen dieser Text nützen könnte? Wenn Sie aber „normal" sind, dann könnte er Ihnen sicher helfen. Eine letzte Frage:

4. Möchten Sie Ihre Fragetechnik, und damit gleichzeitig Ihre Fähigkeit, zu ver-kaufen bzw. zu verhandeln, verbessern?

Wenn ja, dann bieten diese Seiten Ihnen die Möglichkeit dazu. Wir freuen uns, die Autorin gewonnen zu haben, ihren (normalerweise nur firmenintern offerierten) Seminarinhalt in dieser Form anzubieten. Es handelt sich um einen von ihr entwickelten Trainingszyklus, der mit großem Erfolg in vier Sprachen in ganz Europa durchgeführt wird. Der vor-liegende Kurs ermöglicht es auch Einzelpersonen bzw. kleineren Firmen oder Gruppen, dieses spezielle Birkenbihl-Training zu durchlaufen.

Der Verlag

Vorwort zur 2. Auflage

Es freut mich ungemein, daß diese Neuausgabe uns die Möglichkeit gibt, auf einige der Wünsche einzugehen, welche die Leser der ersten beiden Auflagen an uns herangetragen haben:

Statt in Din-A-4 präsentiert sich das Buch jetzt im neuen Format; damit entfallen die Leerseiten (für handschriftliche Bemerkungen) der früheren Auflagen. Die Erfahrung hat nämlich gezeigt, daß ein **Rand** für Notizen günstiger ist. Des weiteren gibt es jetzt auf vielfachen Wunsch **mehr Rätsel-Geschichten**. Diese wurden in ein neues Kapitel (das letzte von Teil I) "gepackt", damit Sie mehr "Munition" für Ihr Rätsel-Denk-Frage-Training haben.

Außerdem gibt es noch eine Neuigkeit zu vermelden: Weil so viele Leser (und meine Seminarteilnehmer) immer wieder um etwas "Handfestes" zum Thema Fragetechnik auf **Kassette** gebeten haben, erfüllen wir auch diesen Wunsch: Ab Sommer 1990 finden Sie im Buchhandel meinen neuen mvg-Kassetten-Kurs: *Fragen Sie sich zum Erfolg*. Er enthält vier Ton-Kassetten und mein mvg-Taschenbuch *Psycho-logisch richtig verhandeln*.

Somit kann man einige wichtige Gedanken hierzu auch unterwegs (oder immer wieder mal) anhören, was auch für Menschen, die chronisch zu wenig Zeit haben, möglich ist. Die ersten drei Ton-Kassetten enthalten ein didaktisches Hörspiel, während die vierte ein geistiges Training ermöglicht.

Ich wünsche Ihnen viel Erfolg!

Vera F. Birkenbihl, Frühjahr 1990   Odelzhausen b. München

Bemerkung zur 3. Auflage

Dieses Buch ist inzwischen auch auf Italienisch erschienen.

Der Verlag

Inhaltsverzeichnis

Einleitung

Dieser Text ist ähnlich aufgebaut wie mein Seminar zur Verhandlungsstrategie. Das heißt, daß ich gewisse Annahmen als Basis voraussetze:

Erstens weiß ich nach nunmehr 17 Jahren Seminartätigkeit, daß es sehr wenige Verkäufer/Berater[1] gibt, die diese Grundregel nicht *regelmäßig* verletzen:

 **Wer fragt – führt!**

Zweitens gehe ich davon aus, daß Sie die Notwendigkeit einer gezielten Fragetechnik zwar prinzipiell bejahen, daß Sie aber in der täglichen Praxis leider feststellen müssen, daß es Ihnen eben doch nicht immer gelingt.

Insbesondere wenn viel von Ihrem heutigen Verhandlungsresultat abhängt, zeigen auch Sie höchstwahrscheinlich die fatale Neigung, zu wenige Fragen zu stellen. Warum dies so ist, wird noch besprochen.

Drittens nehme ich an, daß Sie in der Vergangenheit zu wenig Gelegenheit hatten, das systematische Fragen zu *üben*. Die meisten von uns konnten als Kinder perfekt fragen, machten aber regelmäßig die Erfahrung, daß uns dies „schlecht bekam". Eltern, Lehrer, Chefs und andere Personen, von denen wir abhängig waren, mochten es meist nicht, wenn man „zuviel" fragte, und so verlernten wir diese wichtige Fähigkeit weitgehend.

Aber heute verhandeln Sie! Ihre Aufgaben: Problemlösungen anzubieten, die Bedürfnisse des Kunden optimal „abzudecken", auf ihn und seine Vorstellungen einzugehen. Wie aber sollen Sie diesen Anforderungen gerecht werden? Es gibt prinzipiell zwei Möglichkeiten: Entweder mittels *Fragetechnik* oder durch *Telepathie*. Entscheiden Sie selbst, welche Sie besser in die Praxis umsetzen können!

Wer in der Vergangenheit darauf getrimmt wurde, in *Aussagen* zu denken und zu sprechen, wird einige Übungen durchlaufen müssen, ehe dieses „Erbe" ihn nicht mehr behindert. Denn wir reagieren zunächst mit den Möglichkeiten, die wir bereits erlernt haben:

---

[1] Falls Sie denken, Sie selbst sind eine rühmliche Ausnahme, so darf ich Ihnen versichern: Das denken 75% der Seminarteilnehmer auch, bis die ersten Übungen zeigen, daß sie immense Probleme bei den Fragespielen haben. Dies beweist, daß sie das Fragen per se (noch) nicht unbedingt beherrschen.

Deshalb bietet dieser Kurs Ihnen die Möglichkeit, ein echtes *Training* zu durchlaufen, wenn Sie *nicht nur lesen* wollen. Falls Sie aktiv üben möchten: Sie brauchen minimal einen Spielpartner, aber besser wäre eine kleine Gruppe. Merke: Lesen allein ist besser als nichts, aber die guten Vorsätze, die man beim Lesen faßt, reichen meist nicht aus. Daher wäre es schon gut, wenn Sie möglichst viele der Übungen in der vorgegebenen Reihenfolge wirklich durcharbeiten könnten. Es ist mir klar, daß nicht jede(r) Leser(in) gleich ein Rateteam „griffbereit" hat; aber genausowenig wie ein Team-Sportler *nur* in Isolation trainieren kann, so ist es auch hier. Fragetechnik impliziert einen Gesprächspartner, das liegt in der Natur der Situation. Daher gilt:

Der Text wurde so abgefaßt, daß bereits das Lesen alleine einen Minimalnutzen ergeben wird; daher finden Sie Tonbandtranskripte (Protokolle) von echten Übungen, die Sie langsam und aufmerksam lesen sollten. Außerdem gibt es Übungen, die Sie alleine durchführen können. Aber: Ganz ohne Sparringspartner kann man nie lernen zu boxen; oder zuzuhören, zu fragen oder irgendeine kommunikative Technik anzuwenden! (So ähnlich ist es mit der Liebe auch...)

THEORIE und PRAXIS

Aus den Seminaren weiß ich, daß es Teilnehmer gibt, die „ganz genau" wissen wollen, warum man etwas tun soll. Sie wollen auch die THEORIE zu den praktischen Übungen kennenlernen. Andere Teilnehmer hingegen haben sich theoretisch bereits informiert oder legen hierauf keinen Wert. Sie wollen nur PRAXIS. Da ich *Ihnen* die Möglichkeit bieten möchte, diesen Kurs Ihren Wünschen gemäß optimal auszunutzen, habe ich die THEORIE weitgehend von der PRAXIS getrennt:

Teil 1 bietet Ihnen die **PRAXIS**; hier werden nur einige grundsätzliche Bemerkungen eingestreut, also ein absolutes Minimum an „Theorie". Dieses Minimum ist nötig, um die Übung oder deren Ziel zu erläutern.

Teil 2 hingegen enthält ein wenig Hintergrund-**THEORIE**. Sie werden in Teil 1 darauf hingewiesen werden, welche ergänzende Information in Teil 2 zu finden ist. Diese THEORIE-Abschnitte können Sie *vorher sofort* beim Hinweis oder *später* lesen bzw. sie weitgehend auslassen. Wird ein bestimmter Abschnitt jedoch *mehrmals* erwähnt, wäre es vielleicht doch gut, sich diesen einmal anzusehen.

Im **Anhang** gibt es einen Bogen zur Erfolgskontrolle, der auch fotokopiert werden kann, des weiteren zusätzliche Rätselgeschichten. Außerdem einige Gesprächsprotokolle zur Analyse (einschließlich einer Kurzanalyse der häufigsten Fehler bei Fragetechnik). Bitte blättern Sie mal nach hinten und verschaffen Sie sich einen ersten Überblick, das spart lange Erklärungen an dieser Stelle.

Was die *Übungen in Teil 1* angeht, so lassen Sie mich noch feststellen:
Die Seminarerfahrung zeigt immer wieder, daß die Teilnehmer am Anfang des Übungszyklus *erstaunt* sind. Sie sehen zunächst wenig Sinn darin, derartige Übungen in einem *Seminar für Profis* durchzuführen.

Erst wenn Sie tatsächlich zu trainieren beginnen, merken sie, daß unsere Erziehung uns in der Regel so „verbildet" hat, daß auch diese Spiele die meisten Teilnehmer *ernsthaft* fordern. Da Sie möglicherweise alleine lesen, gilt:

Halten Sie doch bitte Ihren Kopf so lange vorurteilsfrei, bis Sie die erste Chance haben, die Spiele tatsächlich zu testen. Sollte *Ihre* Spielgruppe „Spitze" sein, dann klopfen Sie sich auf die Schulter und schreiten Sie zum nächsten Übungsabschnitt fort.

Die Übungen folgen dem roten Faden des Seminars; dieser wird auf Seite 14 dargestellt.

Wenn Sie nur halb soviel Spaß haben wie meine Seminarteilnehmer, dann machen Sie sich bitte auf ein intellektuell immens stimulierendes, faszinierendes, stellenweise sogar recht lustiges Training gefaßt!

Oder haben Sie ein Vorurteil, welches besagt, daß eine Schulung (inkl. Selbsttraining) immer ernst zu sein habe? Dann müßten Sie diesen Text furchtbar ernsthaft angehen, nicht wahr?

Vera F. Birkenbihl   Odelzhausen

Der „rote Faden" dieses Kurses

Stufe 1:

Es gilt, die eigene Fähigkeit, mit Fragen vorzugehen, zu testen bzw. systematisch zu verbessern, so daß Sie über jede Problemstellung sowohl in Aussagen als auch in Fragen nachdenken können! Dies ist die Grundvoraussetzung, ohne welche die Stufen 2 und 3 nicht erreicht werden können.

Stufe 2:

Es gilt, durch Fragetechnik das Entscheidungs-NEIN[2] des Kunden möglichst zu verhindern.

Stufe 3:

Es gilt, den (wenigen) Entscheidungs-NEINs des Kunden, die trotz aller Umsicht nicht zu vermeiden waren, optimal zu begegnen, indem wir lernen, zwischen einem *Fragezeichen*-NEIN und einem *Minus*-NEIN zu unterscheiden und unsere Gesprächsstrategie entsprechend auszurichten.

---

[2] Das Entscheidungs-NEIN ist vom Informations-NEIN zu unterscheiden. Bei den ersten Spielen geht es um Informations-NEINs, die uns keine Probleme verschaffen. Später werden wir den Unterschied zum Entscheidungs-NEIN, das mit Abwehrmanövern und Streßhormonausschüttung einhergeht, erarbeiten.

Teil 1A

PRAXIS

Stufe 1:
Die Fähigkeit zu fragen

Es folgt der erste Teil des Übungszyklus, mit dessen Hilfe Sie Ihre Frage-
fähigkeit testen bzw. systematisch ausbauen können. Lassen Sie sich durch
die Tatsache, daß die ersten Übungen scheinbar sehr einfach sind, bitte nicht
dazu verleiten, sie auszulassen!
Das gilt auch für aufmerksames *Lesen*, insbesondere wenn Sie ganz alleine
arbeiten müssen oder wollen.

Übungen zu Stufe 1:
Raten Sie sich fit

Im Seminar beginnen wir mit Übungen zu *geschlossenen* Fragen; es geht also um Fragen, die mit JA oder NEIN zu beantworten sind. Fragen dieser Art helfen uns in der täglichen Praxis in folgenden Situationen:

1. Wenn Sie als Profi einem Laien Einzeldaten „entlocken" müssen.
2. Wenn Sie es mit einem Vielredner zu tun haben. Aber auch das Gegenteil ist wahr:
3. Wenn Sie einem Kunden die „Würmer aus der Nase ziehen" müssen.
4. Wenn Sie ein Problem logisch durchdenken wollen.

Hier ist etwas "theoretischer Unterbau" immens hilfreich. Falls Sie sich mit dieser Thematik noch nicht befaßt haben sollten, wäre es gut, wenn Sie in Teil 2 den Abschnitt *Situationen für geschlossene Fragen* lesen würden (S. 99).

Somit sollte die Frage nach dem Warum (man geschlossene Fragen stellen können sollte) geklärt sein. Daher befassen wir uns jetzt hier in Teil 1 nur mit dem Wie (wie man testen/ trainieren kann)!

Ein erstes Grundspiel zeigt Ihnen, wie schwer oder leicht es Ihnen derzeit fällt, in Fragen statt in Aussagen zu denken. Im Optimalfall spielen Sie einige Spiele mit einem Partner – das geht auch am Telefon –, damit Sie selbst eine Inventur vornehmen können. Sollte das aber nicht gehen, werden Sie durch das Lesen alleine auf wichtige Aspekte aufmerksam gemacht werden.

Das Basis-Spiel ähnelt vom Vorgehen her ein wenig dem "heiteren Beruferaten". Unser erklärtes Ziel ist allerdings - im Gegensatz zum Fernsehspiel -, *auf keinen Fall* lauter JA-Antworten erzeugen zu wollen, denn ein NEIN enthält genausoviel Information für den Fragenden. Dies gilt sowohl für die Rätsel als auch für jede Beratungs-Situation.

Es gilt also zu lernen bzw. zu trainieren,

wie man durch systematische Fragen
Informationen sammelt.

Achtung: Das klingt einfacher, als es ist. Damit schulen wir die *erste* Grundfähigkeit der Fragetechnik. Dabei gilt es, nur eine einzige Spielregel zu beachten:

Grundregel für Ja/Nein-Fragespiele:

Alle Fragen müssen so formuliert werden,
daß sie mit JA oder NEIN beantwortet werden können.

Also keinesfalls: *„Wie alt war die Person?"*, sondern zum Beispiel: *„War die Person älter als 30 Jahre?"*

Vier Antworten sind möglich:

1. JA, wenn man JA meint.

> **Beispiel**
> Frage: *Ist Ihnen die Funktion der Ja-Antwort bekannt?*
> Antwort: *Ja.*

2. NEIN, wenn man NEIN meint.

> **Beispiel**
> Frage: *Haben Sie das Fragen bereits systematisch trainiert?*
> Antwort: *Nein.*

3. APFELKUCHEN, statt „jein", damit niemand ein „jein" für NEIN mißverstehen kann. Diese Antwort gibt man, wenn die Antwort eigentlich sowohl ein wenig JA als auch ein wenig NEIN lauten müßte.

> **Beispiel**
> Frage: *Sind die beiden barfuß am Meer entlang gelaufen?*
> Die Antwort muß APFELKUCHEN lauten, wenn die beiden zwar barfuß am Meer waren, dort aber nicht gelaufen sind (weil sie still dort saßen). Oder wenn die beiden zwar gelaufen sind, aber Schuhe trugen usw.

4. ICH WEISS ES NICHT! Es ist sehr wichtig, sich darüber klar zu werden, daß man manche Antworten nicht (sofort) wissen kann. Es besteht die große Gefahr, daß die Spieler anfangs dazu neigen, mit APFELKUCHEN zu antworten, wenn sie eigentlich sagen müßten, daß sie diese Antwort aus Unkenntnis nicht geben können. Im Optimalfall notiert man solche Fragen, dann kann man hinterher, wenn das Rätsel gelöst wurde, darüber diskutieren bzw. im Lexikon nachschlagen. Daher können Fragespiele durchaus etwas für die Allgemeinbildung aller Beteiligten tun.

> **Beispiel**
> Frage: *Lebte er im frühen Mittelalter?*
> Antwort: *Ich weiß es nicht.* (Außer Sie wüßten auf Anhieb, welche Zeitspanne als frühes Mittelalter definiert wird[1].)

Lassen Sie mich noch einmal betonen, daß eine NEIN-Antwort genausoviel Information enthält wie ein JA. Damit wird es unnötig, sprachliche Verrenkungen zu unternehmen, um ein NEIN zu vermeiden, wie etwa: *„Gehe ich richtig in der Annahme, daß Sie kein Bäcker sind?"* Statt dessen genügt ein: *„Sind Sie Bäcker?"*, weil wir die NEIN-Antwort ja nicht „bestrafen".

---

[1] Wenn Sie z.B. in Meyer's Taschenlexikon nachschlagen, dann stellen Sie fest, daß die Antwort sich über zweieinhalb Seiten erstreckt. Sie beginnt mit den – hier leicht verkürzten – Worten:
MITTELALTER ... in der europ. Geschichte Bezeichnung für den Zeitraum zw. Altertum und Neuzeit. Das Problem der Abgrenzung des Frühmittelalters von der Antike erweist sich allein schon in der Vielzahl der erörterten Vorschläge, die sich über einen Zeitraum von nahezu einem halben Jahrhundert erstrecken – von der Krise des Röm. Reiches im 3.Jh. bis zur Kaisererhebung Karls d. Großen im Jahre 800...

Spiel-Kategorie 1:
Eine Kategorie erraten

Wußten Sie, daß das heitere Beruferaten in England und den USA bereits viel länger ein Publikumsliebling ist als bei uns? Wiewohl dieses Spiel extrem einfach wirken mag, kann es außerordentlich spannend werden, wenn gute Fragesteller mitmachen. Aber man kann natürlich ein Menge mehr raten als nur Berufe. Zum Beispiel:

- eine berühmte historische *Persönlichkeit*
- einen *Gegenstand* hier in diesem Zimmer
- einen „großen Namen" (Schriftsteller, Komponisten, Maler usw.)
- das Werk eines Dichters (Komponisten, Malers usw.)
- ein Sprichwort usw.

Bei allen derartigen Spielen gilt es, sich *von der größtmöglichen Kategorie* zur nächstkleineren vorzutasten. Damit sind solche Spiele eine ausgezeichnete Schulung sowohl im Fragestellen als auch im logischen Denken! Trotzdem stelle ich immer wieder fest, daß erfahrene Berater und Führungskräfte höchster Ebene bei den ersten Spielrunden erhebliche Probleme haben. Denn je mehr jemand in der Vergangenheit gelernt hat, in Aussagen zu denken, desto schwerer tut er sich anfangs, selbst wenn er ein ausgezeichneter Fachmann auf seinem Gebiet ist. Deshalb möchte ich Ihnen gerne dieses „kinderleichte" Spiel ans Herz legen. Es gilt, so logisch wie möglich vorzugehen, statt „blind herumzuraten". Angenommen, wir wollen eine Person erraten:

- Man sollte zuerst fragen, ob die gesuchte Person überhaupt Europäer ist, ehe einzelne Länder „ausprobiert" werden.
- Man vergewissert sich zuerst, ob die Person einen Staat führt, ehe man einzelne Staatsoberhäupter namentlich nennt.
- Man klärt zuerst ab, ob die Person noch lebt, ehe man versucht, den Zeitpunkt ihres Wirkens exakter einzukreisen, etwa durch die Frage: „Wirkte sie vor dem Zweiten Weltkrieg?"

Es folgen erste Anregungen zum Üben, mit Hinweisen auf die „eingebauten" Schwierigkeiten. Es kann ungemein spannend sein, wenn Sie feststellen, daß Ihre Freunde genau dieselben Probleme haben wie die meisten Teilnehmer im Seminar.

Es folgt das Tonbandprotokoll aus einem Seminar mit einer im Raten bereits geübten Gruppe. Merke: Anfänger überhören oft interessante Tonfall-Signale, wie das leicht zögernde Nein zur zweiten Frage.

Frage 1: Ist die gesuchte Person männlich?
Antwort: Ja.

Frage 2: Also ein Mann! Ist er Deutscher?
Antwort: (ein leicht zögerndes) Nein.

Frage 3: Sie klingen nicht ganz überzeugt? Ah - ist es wichtig, aus welchem Teil Deutschlands er stammt?
Antwort: Ja.

Frage 4: Aha! Sie selbst sind ja Münchnerin... Ist er ein Bayer?
Antwort: Ja

Frage 5: Politiker?
Antwort: Ja.

Frage 6: Na, da gibt's ja fast nur einen... (Mehrere Stimmen gleichzeitig:) Franz Josef Strauß?
Antwort: Genau.

1. Eine politisch bedeutsame Persönlichkeit (Indira Gandhi)
Es wird schwierig, wenn Ihre Ratefreunde vergessen,
● das Geschlecht vorher abzuklopfen bzw.
● zu etablieren, ob die gesuchte Person noch lebt!

2. Einen Gegenstand in diesem Zimmer (die Brille eines Anwesenden)
Es wird schwierig, wenn der Antwortende nicht klar unterscheidet, ob mit „es" oder „dem zu ratenden Gegenstand" jeweils *die Brille* allgemein oder *die Brille dieses Anwesenden* gemeint ist. Fragen wie *„Ist es ein Gebrauchsgegenstand?"* können sich sowohl auf *alle* Brillen als auch auf *diese* spezifische Brille beziehen. Wie aber steht es mit Fragen nach dem Material, wenn *diese spezifische Brille* nur aus Plastik (inkl. der Brillengläser) besteht, andere Brillen aber auch Metall und Glas enthalten?

Es folgt ein Tonbandprotokoll aus einem privaten Freundeskreis (mit freundlicher Genehmigung der "Gruppe Schrebergarten").

Frage 1: Es befindet sich hier im Garten?
Antwort: Ja.

Frage 2: Können wir es sehen?
Antwort: Ja.

Frage 3: Gehört es einem Anwesenden?
Antwort: Nein.

Frage 4: Wenn wir eine gedachte Linie ziehen, befindet es sich dann links oder rechts von dieser Linie?
Antwort: Ja-Nein, Ja-Nein, Ja-Nein.

Frage 5: Was soll jetzt das?
Andere Stimme: Du hast eine Doppelfrage gestellt: "Links oder rechts!"

Frage 6: Also gut. Befindet es sich links von hier?
Antwort: Nein.

Frage 7: Also rechts. Ist es groß?
Antwort: Groß ist wischi-waschi.

Frage 8: Größer als die Gießkanne da?
Antwort: Nein.

Frage 9: Ist es gelb?
Antwort: Ja.

Frage 10: Dann sind es wohl die Gummistiefel da?
Antwort: Ja.

Frage 11: Aber wir hatten doch gefragt, ob es einem Anwesenden gehört?
Antwort: Ja.

Frage 12: Und die Stiefel gehören nicht Dir?
Antwort: Nein, meinem Bruder. Und der ist heute nicht da!

Sie sehen, daß die "geographische Bestimmung" die Sache vereinfacht hat. Andere Kategorien, die das Rate-Terrain sehr einengen, sind z.B. Fragen nach dem *Oberbegriff* (Ist es ein Möbelstück?), der *Beschaffenheit* (Ist es aus Holz?) u.ä. Wenn es gelingt, das "unendliche" Gebiet durch solche Fragen schnell einzuengen, dann kommt man mit wenigen Fragen aus!

3. Ein berühmtes Gebäude (der schiefe Turm von Pisa)
Es wird schwierig, wenn zuvor mehrere Rätsel gespielt wurden, deren Lösung in Deutschland "lag"; denn nun sind die Ratenden in der Denkrinne "Deutschland" und vergessen, gezielt nach dem Ort zu fragen. Also tauchen Detailfragen wie: *"Ist es in Bayern?"* auf, welche von der Systematik her weder sinnvoll noch effizient sind.

Es folgt ein Tonbandprotokoll aus einem Kreis von Arbeitskollegen, denen das Fragen im Seminar zunächst recht schwer gefallen war. Deshalb haben sie zwischen der ersten und der zweiten Trainingsphase alleine weitergeübt.

Frage 1: Ist es ein altes Gebäude?
Antwort: Wie alt ist alt? Ungenaue Frage.

Frage 2: Klar! Älter als 50 Jahre?
Antwort: Nein.

Frage 3: Weniger als 25 Jahre?
Antwort: Nein.

Frage 4: Aaaha. Ist es ein hohes Gebäude?
Antwort: Wie hoch ist hoch? Unzulässige Frage.

Frage 5: Mensch, daß das doch immer wieder passiert! Ein Wolkenkratzer?
Antwort: Nein.

Frage 6: Aber es ist höher als breit?
Antwort: Apfelkuchen.

Frage 7: Hilf uns mal!
Antwort: Also gut; es ist einige Kilometer lang, aber an den meisten Stellen weniger als einen Meter breit und größtenteils kaum höher als...

Frage 8: Die Mauer!
Antwort: Genau!

Frage 9: Welche Mauer? Die chinesische? Die ist doch uralt!
Zwischenruf: Na die, die 28 Jahre lang zu war - die Mauer in Berlin, du Depp!
Antwort: Genau.

Nun ergab sich eine erhitzte Diskussion:

- Aber die ist doch kein Gebäude im üblichen Sinn!
- Wieso? Sie wurde doch gebaut, oder?
- Ja, aber in einem Gebäude muß doch jemand wohnen?
- Quatsch, die Bunker aus dem Krieg sind doch auch Gebäude, aber in denen wohnt man nicht.
- Aber sie sind innen hohl!
- Ich schlage vor, wir schauen mal im Lexikon nach...

Sie sehen, warum es gut ist, wenn Nachschlagewerke griffbereit stehen. Das Nachschlagen ergab interessante Gesichtspunkte bezüglich Definitionen, wie exakt sie seien usw. (Vgl. auch meine mvg-Tonkassette: *Sprache als Instrument des Denkens*).

Diese ersten kleinen Fallbeispiele und Protokolle sollten Ihnen, auch wenn Sie (vorläufig noch) alleine lesen, eine gute Vorstellung vom Vorgehen bei diesen einfachsten Fragespielen vermitteln.

Jetzt sind Sie dran:

```
Im Optimalfall würden Sie jetzt einige
Rätsel raten, ehe Sie weiterlesen².
```

---

² Bitte beachten Sie erstens, daß Aufforderungen zum Handeln immer in Schreibmaschinenschrift erscheinen, und zweitens, daß im **Anhang** ein Formular zur Erfolgskontrolle ist. Dort können Sie die Übung eintragen.

Spiel-Kategorie 2:
Eine Geschichte erraten

Wenn man einige Spiele der obigen Art (Kategorien-Raten) durchgeführt hat bzw. wenn alle Beteiligten sich zu den Fortgeschrittenen rechnen, kann man zu dieser zweiten Spielart übergehen.

Hierbei handelt es sich um kleine Geschichten.
Dabei wird dem Fragesteller bzw. dem Frage-Team jeweils nur ein *Teil* der Story erzählt, der Rest muß durch Ja- bzw. Nein-Fragen erarbeitet werden.
Da APFELKUCHEN eine Antwort ist, welche zu exakterem Nachdenken zwingt, nennen wir diese Spielart das APFELKUCHEN-Spiel. Es folgt ein kleiner Einstieg.

Erstes Apfelkuchen-Spiel:
Der Mann im Aufzug

Aufgabe:
Ein Mann wohnt im 24. Stock eines Hochhauses, er hat dort ein Penthouse. Jeden Morgen, wenn er zur Arbeit geht, steigt er in den Aufzug und fährt damit ins Erdgeschoß. Abends, wenn er heimkommt, fährt er hingegen nur in den 18. Stock und geht die anderen Stockwerke zu Fuß.

Frage:
Warum macht er das?

Verfolgen Sie einmal die folgenden Fragen und Antworten, vom Tonband in einem Seminar aufgezeichnet.

Frage: Steigt er freiwillig aus oder weil er will?
Antwort: Diese Frage kann ich nicht beantworten, weil es eine Doppelfrage ist.

Frage: Will er laufen?
Antwort: Nein.

Frage: Würde er bis zum Penthouse fahren, wenn er das könnte?
(Eine ausgezeichnete Frage, Fragesteller überprüft genau.)
Antwort: Ja.

Frage: Er will wohl Trimm-dich machen!
(Strenggenommen ist dies keine Frage. Außerdem wird hier nur geraten – im Sinne von blind raten und auf Glück hoffen, nicht systematisch. Trotzdem geben wir auf solche Fragen auch Antwort, zumindest bei Einsteigern!)
Antwort: Nein.

Frage: Geht denn der Aufzug bis zum 24. Stock?

Zwischenruf eines Teilnehmers: „Du Depp, wenn er doch früh einsteigt, geht er doch, sonst er hätte er doch früh nicht einsteigen können, oder?"

Zweiter Zwischenruf: „Moment mal, vielleicht gibt es zwei Aufzüge?"

(Hier sehen wir das Infragestellen einer Annahme, die noch nicht wirklich erarbeitet wurde. Sehr gut.)

Antwort: Ja.

Frage: Gibt es mehr als einen Aufzug?

Antwort: Nein.

Frage: Könnten andere Personen auch abends mit dem Aufzug in den 24. Stock fahren?

Antwort: Ja.

Frage: Aber aus irgendeinem Grund, den wir herausfinden sollen, ist unserem Penthouse-Bewohner dies unmöglich?

Antwort: Ja.

Frage: Ist der Aufzug kaputt?

Antwort: Nein.

Frage: Brennt das Licht im Aufzug?

Antwort: Ja.

Frage: Ist es ein Aufzug, an dem etwas ungewöhnlich ist?

Antwort: Nein.

Frage: Liegt die Problematik überhaupt am Aufzug?

Antwort: Nein.

Frage: Die Problematik liegt also in dem Mann selbst?

Antwort: Ja.

Frage: Hat es was mit seinem Aussehen zu tun?

Antwort: Apfelkuchen.

Frage: Hat es was mit seiner Größe zu tun?

Antwort: Ja.

Hier ging ein aufgeregtes AHA durch die Runde, als drei Teilnehmer gleichzeitig begriffen, wie die Lösung heißt. Wissen Sie es?

Lösung:

Der Mann war Liliputaner. Er konnte den 24. Stock nicht erreichen, weil der Bedienungsknopf zu hoch lag. Früh mußte er ja nur E (= Erdgeschoß) drücken, dieser Knopf befand sich aber unten, war also leicht erreichbar.

„Albern!" sagen Sie jetzt vielleicht. Aber gerade darum geht es: Um Sie aus den gewohnten (oder vertrauten, d.h. oft unlogischen) Denkrinnen herauszuheben, *dürfen* die Lösungen nicht alltäglich sein. Sonst setzt der sogenannte „gesunde" (d.h. recht unlogische) Menschenverstand wieder ein, den wir ja umgehen wollen! Wenn Sie lernen, die von der Systematik her richtigen Fragen zu stellen, werden Sie auch die schwierigsten, sogar völlig absurden Lösungen erraten können. Nur darum geht es ja. Wichtig:

- Man sollte also von einer größeren Kategorie zu einer kleineren übergehen. Beim Beruferaten z.B.: *Produzieren Sie etwas? Verkaufen Sie etwas?*, ehe man verschiedene Produzentenberufe einzeln zu raten versucht.

- Erst **Detailfragen** angehen, wenn die Situation einigermaßen gesichert ist. Also z.B. feststellen, ob es überhaupt am Aufzug liegt, ehe man nach Details (Brennt das Licht im Aufzug?) zu fragen beginnt.

Wenn Sie wollen, können Sie jetzt das Tonband-Protokoll oben noch einmal lesen und dabei versuchen festzustellen, inwieweit die Frage-stellenden diese beiden Tips beachtet bzw. mißachtet haben.
Das wäre eine sehr gute Übung...

... denn im Seminar analysieren wir die Fragen des Vorspiels auch ein wenig, ehe wir zur nächsten Übung übergehen. Dabei stellen wir immer wieder fest, daß gerade das Nach-arbeiten eines Rätsels, dessen Lösung nun bereits bekannt ist, sehr viel „bringt"; d.h. dabei lernt man ungemein viel über die intelligente Fragestellung. Nicht vergessen: Wir müssen diese intelligente Fähigkeit nur wieder „erwecken", sie schlummert ja in jedem von uns!

Zweites Apfelkuchen-Spiel:
John und Mary

Aufgabe:
Sie kommen in ein Zimmer. Dort finden Sie John und Mary tot am Boden liegen. Es ist kein Blut zu sehen. Der Teppich unter den Leichen ist naß. Außerdem befindet sich auf dem Teppich ein zerbrochenes Glas.

Frage:
Was ist passiert? (Wie kamen John und Mary zu Tode?)

Im folgenden finden Sie wieder eine Tonbandaufzeichnung aus einem Seminar, in dem die Teilnehmer schon weit gezielter vorgingen. Wenn Sie dieses Beispiel sorgfältig analysieren, lernen Sie bereits eine Menge über die Art von Fragen und die Denkprozesse, die dahinterliegen.

Frage 1: War es Mord?
(Ausgezeichnete Frage. Hier wird die Kategorie „abgeklopft". Wenn die Antwort NEIN lautet, werden alle Detailfragen nach Mordart, Mordwaffe und Täter automatisch überflüssig. Gutes Denken eliminiert überflüssige Kategorien, ehe man gezielt und detailliert vorgeht!)
Antwort: Nein.

Frage 2: War es Selbstmord?
(Weitere mögliche Kategorie wird abgeklopft. Dann kann man sie entweder eliminieren oder gezielt angehen.)
Antwort: Nein.

Frage 3: War es ein Unfalltod?
(Die nächste Kategorie.)
Antwort: Ja.

(Wenn Sie dieses Spiel mindestens zehnmal mit verschiedenen Menschen durchspielen, werden Sie *immer wieder* erstaunt feststellen, daß die meisten Leute nur wild durcheinanderraten. Daher haben sie zu Anfang oft den Eindruck, diese Art von Spiel sei „schwierig". Wenn man das System dahinter begreift, wird es jedoch kinderleicht.)

Frage 4: War eine dritte Person im Spiel?
(Wieder wird die Kategorie abgeklopft. Zufall oder Fremdeinwirkung? Auch dies erspart unendlich viele Detailfragen, die sonst gefallen wären.)
Antwort: Apfelkuchen.

Frage 5: War Fremdeinwirkung im Spiel?
Antwort: Ja.

Frage 6: Wenn diese dritte Person nicht im Spiel gewesen wäre, würden John und Mary jetzt noch leben?
Antwort: Apfelkuchen.

Frage 7: Wenn die Fremdeinwirkung nicht im Spiel gewesen wäre, würden John und Mary jetzt noch leben?
(Hilfestellung: Man benütze nach Apfelkuchen-Antworten dieselbe Formulierung unter Austausch *eines einzigen Faktors* oder Wortes, sonst wird die Sache zu unsystematisch, und man verliert sich in Denkrinnen, weil man zu unzulässigen Schlußfolgerungen gelangt, von denen man denkt, sie wären *Teil der Antwort* gewesen.)
Antwort: Ja.

Frage 8: Gibt es eine dritte Person in der Geschichte?
Antwort: Nein.

Frage 9: Da Sie auf die Frage, ob eine dritte Person im Spiel sei, verneint, Fremdeinwirkung jedoch bejaht haben, müßte doch jetzt... Ah. Moment mal. Ich fange nochmal an: Gehe ich richtig in der Annahme, daß John und Mary keine Personen sind?
Antwort: Ja.

Wir haben jetzt *mit nur neun Fragen* festgestellt, daß John und Mary keine Personen sind. Wenn Sie das Spiel öfter spielen, wird Ihnen auffallen, daß Ihre Mitspieler, wenn sie im Denken noch untrainiert sind, im Schnitt über 60 oder mehr Fragen benötigen, bis sie zu dieser wichtigen Schlußfolgerung gelangen!

Frage 10: Waren John und Mary überhaupt Lebewesen?
(Wenn Ihnen etwas „komisch" vorkommt, prüfen Sie sicherheitshalber *alle* Prämissen [=vorgegebene Informationen]. Eine der Prämissen, von denen man normalerweise *automatisch*, d.h. ohne bewußtes Nachdenken, ausgeht, lautet: Nur Lebewesen können sterben.)
Antwort: Ja.
(Damit sind Möglichkeiten wie John und Mary sind Puppen u.ä. ausgeschaltet worden. Aber gerade die Puppenthese wird oft ca. 10 Minuten lang hartnäckig verfolgt!)

Frage 11: Sind die beiden Tiere?
Antwort: Ja.
(Damit sind auch Pflanzen als Möglichkeit bzw. Kategorie ausgeschieden.)

Frage 12: Sind sie Säugetiere?
(Wieder werden ganze Kategorien ausgeschaltet, ehe Detailfragen gestellt werden. Anfänger raten in der Regel wild herum und meinen dann wieder, die Aufgabe sei zu schwer!)
Antwort: Nein.

Frage 13: Sind es Vögel?
(Eine weitere Kategorie.)
Antwort: Nein.

Frage 14: Dann sind es wohl Fische?
Antwort: Ja.

Frage 15: Hat die Feuchtigkeit auf dem Teppich etwas mit dem Tod zu tun?
Antwort: Ja.

Frage 16: Mensch, mir schwant was! Gehörte das zerbrochene Glas etwa zu einem Aquarium?
Antwort: Ja.

Damit war dieses Ratespiel in 16 Fragen gelöst! Aber ich warne Sie: Untrainierte Menschen haben schon über 300 Fragen gebraucht und waren der Lösung noch immer nicht nahe!

Einen optimalen Lösungsweg hat eine andere Gruppe gewählt, wobei die Fragesteller zunächst einmal die Prämissen (= vorgegebenen Informationen) überprüften. Aber ehe ich Ihnen zeige, wie diese Gruppe mit nur *vier* Fragen auf das Wesentliche kam, können Sie es selbst versuchen.

Denn die Fähigkeit, Prämissen „abzuklopfen", ist sehr wesentlich. Im normalen Gespräch entspricht sie der *Rückkoppelung*, nach dem Motto:

Wenn ich Sie richtig verstanden habe...
Sie meinten...
Sie wollten wissen, ob...
usw.

Sie sind dran:
Wie müßten diese wenigen Rückkoppelungsfragen lauten, mittels derer die Prämissen der John-und-Mary-Story "abgeklopft" werden können? Im Optimalfall notieren Sie die Fragen, aber zumindest nachdenken sollten Sie bitte, ehe Sie weiterlesen.

Jetzt folgt die Tonbandaufzeichnung zum Vergleich:

Frage 1: Sie haben gesagt, daß ich ein Wohnzimmer betrete, aber dieses Zimmer nicht bei mir zu Hause ist?
Antwort: JA.

Frage 2: Dort liegen also zwei Menschen am Boden?
Antwort: NEIN.

Frage 3: Aber Sie haben doch gesagt, daß John und Mary tot am Boden liegen?
Antwort: JA.

Frage 4: Ja, sind das denn keine Menschen?
Antwort: NEIN.

Damit ist der Denkfehler[3], daß John und Mary Menschen seien, bereits aufgelöst. Der Rest ist einfach, im Sinne des Eliminierens einzelner Kategorien. Ein letztes Beispiel soll nun aufzeigen, wie sehr die Ratenden "danebenliegen" können.

Drittes Apfelkuchen-Spiel:
Drama in der Sonne

Aufgabe: Ein Mann geht nachmittags um vier Uhr in seinen Garten. Die Sonne scheint. Ein Vogel singt laut und anhaltend. Plötzlich fällt der Mann um.

Frage: Was ist passiert?

Das folgende Fallbeispiel ist eine Tonbandaufzeichnung einer Gruppe, die noch nicht sehr trainiert war. Stellen Sie selbst beim Lesen fest, welche Fragen auf wilde Herumraterei, welche auf Systematik deuten.

Frage 1: Ist es sein eigener Garten?
Antwort: Ja.

Frage 2: Geht er jeden Tag um vier Uhr in seinen Garten?
Antwort: Ja.

Frage 3: Warum geht er in seinen Garten?
Zwischenruf: „Das ist doch keine JA/NEIN-Frage!"
Darauf der erste Sprecher:
Verfolgt er ein bestimmtes Ziel, wenn er in den Garten geht?
Antwort: Ja.

---

[3] Hier wurde nämlich zunächst *ergänzt*, vgl. bitte den Abschnitt *Ergänzungen* in Teil 2.

Frage 4: Hat das Ziel mit seiner Arbeit zu tun?
Antwort: Nein.

Frage 5: Ist es ein privates Ziel, im Sinne von Freizeit?
Antwort: Ja.

Frage 6: Betreibt er ein spezielles Hobby dort?
Antwort: Apfelkuchen.

Frage 7: Hat das Hobby was mit dem Vogel, der singt, zu tun?
Antwort: Nein.

Frage 8: Hat die Sonne etwas mit der Lösung zu tun?
Antwort: Nein.

Frage 9: Dann hat der Vogel etwas mit der Lösung zu tun?
Antwort: Nein.

Frage 10: War es ein natürlicher Tod?
Antwort: Nein.

Frage 11: Mord?
Antwort: Nein.

Frage 12: Selbstmord?
Antwort: Nein

Frage 13: Dann bleibt nur noch Unfall als letzte Möglichkeit?
Antwort: Nein.

Frage 14: Soll das heißen, das es außer Unfalltod noch andere Möglichkeiten gibt?
Antwort: Nein.

Frage 15: Aber Sie haben doch gerade verneint?
Antwort: Ja.

Frage 16: Was haben Sie dann verneint? (Verärgert!)
Antwort: JA/NEIN. (Unser Signal für falsche Fragestellung.)

Frage 17: War es Unfalltod?
Antwort: Nein.

Frage 18: Ja aber, wenn es weder Mord noch Selbstmord war, wenn natürlicher Tod und Unfall ausscheiden, woran ist denn der gestorben? Ich weiß, so darf ich nicht fragen...

Wo liegt hier der Denkfehler? Vielleicht wollen Sie die Fallstudie noch einmal durchgehen?

Aufgabe:

Finden Sie heraus, wann die Fragesteller zu <u>unzulässigen</u> <u>Schlußfolgerungen</u> kamen. Welche Fragen weisen weder System noch Logik auf? Notieren Sie bitte auch, welche der Fragen von der Systematik her besonders geschickt waren. Fragen, die Sie bereits als gut identifizieren können, wiewohl Sie die Lösung noch nicht kennen.

Besonders <u>schlecht</u> waren die Fragen Nr.

Besonders <u>effizient</u> waren die Fragen Nr.

Analyse der wichtigsten Fragen:

Als erstes hätten die Prämissen abgeklärt und die Kategorien „abgeklopft" werden müssen. Also Fragen wie:

- *„Ist der Mann gestorben?"* Solange man einfach annimmt, er sei gestorben, wird man nur falsche Fragen stellen. Sehen Sie spätestens jetzt, daß niemand einfach annehmen durfte, der Mann sei gestorben? In der Aufgabenstellung hieß es lediglich „er fiel um". Hier handelt es sich um dieselbe Art von Ergänzungsfehler wie bei dem vorigen Rätsel mit John und Mary[4].

- *„Hat die Sonne etwas mit der Lösung zu tun?"* Das war Frage 8. Sie war gut, weil ja bis zur Beantwortung niemand einfach annehmen durfte, die Sonne hätte etwas mit der Sache zu tun. Die Frage wurde verneint.

- *„Hat der Vogel etwas mit der Lösung zu tun?"* Das war Frage 9. Was wir gerade oben bei der letzten Frage gesagt haben, gilt auch hier. Welche Todesart? *Alle Fragen nach der Todesart (Nr.10,11, 12, 13) sind gute Fragen, aber nur, nachdem sicher etabliert wurde, daß der Mann gestorben ist,* was hier noch nicht geschehen war. Denn: Wenn der Mann nicht gestorben ist, sind alle diese Fragen unsinnig geworden. Dann verwirren die Antworten eher noch.

Zur Lösung:

Die Lösung steht umseitig. Falls Sie also noch ein wenig nachdenken wollen, sollten Sie erst danach weiterlesen.

STOP

---

[4] Falls Sie den Abschnitt *Ergänzungen* in **Teil 2** noch nicht gelesen haben, könnten Sie ihn auch jetzt lesen.

Lösung: Der Mann wollte sich, wie jeden Nachmittag sonnen. Er ist jedoch über einen Ast, der auf dem Gras lag, gestolpert. Er ist also gar nicht gestorben! Eine andere, schon trainierte Gruppe ging wie folgt vor:

Frage 1: Ist der Mann gestorben?
Antwort: Nein.

Frage 2: Ist er gestolpert und gefallen?
Antwort: Ja.

Frage 3: Ist das die Lösung?
Antwort: Ja.

Dieses letzte Rätsel zeigte nicht nur die Gefahr des falschen Ergänzens, es soll auch demonstrieren, wie leicht man sich neue Rätsel basteln kann:

Man nehme irgendeine Tatsache, die man gehört oder gelesen hat. Man gebe einige wenige Daten dieser Situation preis, füge unwichtige Details (z.B. Sonnenschein, Vogel) hinzu, und man hat ein neues Rätsel.

Trotzdem:
Wenn Sie vorläufig lieber noch maßgeschneiderte Geschichten verwenden wollen, so finden Sie im letzten Kapitel des PRAXIS-Teils (ab S. 71) noch weitere "Munition zum Raten".

Warum eigentlich mit Rätseln arbeiten?

Solche Rätsel-Geschichten trainieren verschiedene Aspekte guter Kommunikation gleichzeitig:

- Zuhören und sich das Gehörte auch merken
- Informationen zusammenfügen und das Gesamtbild aufgrund neu gewonnener Daten ständig aktualisieren (flexibles Denken)
- gezieltes Vorgehen (Logik/Systematik)

- genaue Formulierungen (Sprachbewußtsein)
- Gespür für körpersprachliche 'Zusatzinformationen' (z.B. ein *zögerndes* Nein, ein *nachdenkliches* Ja).

Hinzu kommt, daß das Rätsel vergleichbar ist mit der Situation, die ein Kunde "im Kopf" haben mag und auf die sich Ihr Beratungs-Gespräch bezieht. Somit üben Sie wesentliche Aspekte des Verhandelns quasi als Nebenprodukt, während Sie ja "nur spielen"! Falls Sie es lieber "todernst" mögen, könnten Sie auch formale Logik studieren, plus Semantik und Körpersprache; dann könnten Sie nach einigen Jahren mit etwas Glück dieselben Aspekte bewußt wahrnehmen/steuern. Aber - Spaß beiseite; wieviel das Rätsel-Training bringt, können natürlich nur die beurteilen, die es durchlaufen haben!

Teil 1B

PRAXIS

Stufe 2:
Das NEIN vermeiden

Es folgt der zweite Abschnitt des Übungszyklus, mit dessen Hilfe
Sie üben bzw. lernen können, wie man unnötige NEINs des Kunden vermeidet.
Diesmal geht es um das Entscheidungs-NEIN.

Übungen zu Stufe 2:
Anti-NEIN-Strategie

Zuerst muß klargestellt werden, daß wir es bisher nur mit einer Art von NEIN zu tun hatten, die ich als Informations-NEIN bezeichne. Hierbei ist es *nicht* notwendig, krampfhaft zu versuchen, jedes NEIN zu vermeiden. Denn dieses NEIN liefert uns wertvolle Information. (Vgl. bitte auch den Abschnitt *Fragetechnik – Warum?* in **Teil 2.**)

Wenn wir z.B. erfahren, daß der Kunde noch keine Erfahrungen mit Mittelfrequenz-Geräten im Bereich der Physiotherapie gemacht hat, dann können wir diejenigen Daten/Fakten, die wir ihm daraufhin erklären wollen, weit besser auswählen. Ganz anders sieht die Situation bei dem NEIN aus, welches eine Abwehr darstellt. Siehe hierzu bitte den Abschnitt *Anatomie der NEIN-Reaktion* in **Teil 2.**[1]

Im Seminar beginnen wir jetzt einen Abschnitt des Übungszyklus, der zum Ziel hat

● Fragezeichen- von Minus-Situationen zu unterscheiden lernen.
● Unnötige Entscheidungs-NEINs (mit ihren bio-logischen und psycho-logischen Nachteilen[2] vermeiden zu lernen.

Die Aufgabe, die es zu bewältigen gilt, klingt zunächst sehr einfach. Es handelt sich um eine Übung, die mein Vater, Michael Birkenbihl, ursprünglich erfand, die ich aber im Laufe der Zeit abgewandelt habe:

Auch bei diesem Spiel werde ich denjenigen unter Ihnen, die zunächst alleine lesen müssen, mit Hilfe einiger Transkripte aus dem Seminar eine Ahnung davon vermitteln, wie dieses Spiel abläuft. Aber besser wäre es doch, wenn Sie es früher oder später einmal selber erleben könnten! Im Seminar gilt die Regel, daß immer drei Mitspieler die Beraterrolle übernehmen, also gemeinsam hinausgeschickt werden. Danach bekommt das „Publikum" Zusatzinformationen. Nun werden die drei „Berater" einzeln hereingerufen und spielen jeweils dieselbe Ausgangssituation durch. Hierbei ist es wesentlich, daß die Person in der Kundenrolle sich genau an die Spielregeln hält und daß sie dreimal die gleiche Situation „anbietet", damit die drei weitgehend gleiche Chancen haben.[3]

Somit ist das Procedere wie folgt:
1. Allgemeine Einführung für alle. (Danach gehen die drei „Berater" vor die Tür.)
2. Zusatzinformationen für die Zuschauer.
3. Das Spiel selbst, welches immer auf drei Minuten maximal limitiert ist.
(Einer der Zuschauer stellt einen Küchenwecker.)

---

[1] Wer weder mein Buch *Psycho-logisch richtig verhandeln* kennt, noch je in einem meiner Seminare war, müßte bitte diesen einen Abschnitt zur Kenntnis nehmen, auch wenn er im allgemeinen meint, auf theoretische Erörterungen verzichten zu wollen. Denn hier werden meine Spezialgriffe *Plus-, Fragezeichen-* und *Minus-Situation* definiert, die im folgenden immer wieder auftauchen werden.
[2] Wie in dem Abschnitt *Fragetechnik – Warum?* (Teil 2) erläutert.
[3] Perfektion ist uns Menschen nun einmal unmöglich; aber wenn der „Kunde" sich fair an die Regeln hält, werden minimale „Abweichungen" von niemandem übelgenommen; weder vom Publikum noch von den anderen Mitspielern in der Beraterrolle.

Spiel-Kategorie 3:
Der Urlaubs-Verkauf

Es folgt ein Fallbeispiel für das Ablaufschema, damit Sie sich den Vorgang gut vorstellen können. Die „allgemeine Einführung für alle" erklärt auch die Grundregeln, die sich später nicht mehr ändern. Denn die späteren Spiele sind Variationen der ersten Runde.

Schritt 1: Allgemeine Einführung für alle
Stellen Sie sich vor, Sie arbeiten in einem Reisebüro. Nun sagt Ihnen Ihr Chef, daß wir das Hotel in XYZ in Zukunft vermehrt anbieten müssen, wenn wir den Vertrag dort nicht verlieren wollen. Das heißt, Sie versuchen so viele Reiselustige wie möglich dorthin zu buchen. Dies ist sozusagen unser „Sonderangebot".

Die Spieler in der Beraterrolle entscheiden draußen, welcher Ort XYZ sein soll. Jeder Spieler kann einen anderen Ort wählen. Nehmen Sie einen Ort, über den Sie ein wenig Bescheid wissen. Diesen werden Sie, wenn Sie hereinkommen, an den Flip-Chart[4] schreiben. Der Kunde sitzt mit dem Rücken zum Chart, kann den Namen also nicht lesen.

● *Damit weiß die Gruppe,* wo Sie diesen Kunden hinschicken wollen; aber
● *die Gruppe weiß auch etwas über den Kunden,* was Sie noch nicht wissen!

Damit erfahren Sie beide erst im Gespräch, was für Sie wichtig ist, wie im Leben auch, während *die Zuschauer Ihre beiden Positionen gut verstehen* werden. Dadurch entsteht der spezielle Aha-Effekt dieses Spiels. (Trainer-Kollegen, die diese Zeilen gerade lesen, bitte ich, die **Fußnote**[5] besonders zu beachten. Danke.)

Es gilt **eine einzige Spielregel** für den Kunden:

> Er weiß dieses Jahr überhaupt noch nicht, wo er hin will, das heißt, er will sich BERATEN lassen. Bei guter Gesprächs-führung kann es zum Abschluß kommen; aber er darf auch ablehnen, wenn er Gründe dafür hat.

Diese Regel darf auf keinen Fall verletzt werden!

---

[4] Ein Flip-Chart ist ein übergroßer Block auf einem Ständer ähnlich einer Staffelei. Sie können selbstverständlich die Namen auch auf Karten schreiben lassen, die der Berater beim Hereinkommen kurz hochhält, bis alle (außer dem Kunden) ihn gelesen haben.

[5] Ich darf Trainer-Kollegen darauf aufmerksam machen, daß diese spezielle Art der Seminarübung mit dem **Copyright Michael und Vera F. Birkenbihl, 1972 und 1987** geschützt ist. Wenn Sie diesen Teil des Zyklus selbst im Seminar einsetzen wollen, so setzen Sie sich bitte mit mir in Verbindung (der Verlag leitet Ihre Post gerne weiter). Da es inzwischen Lizenznehmer gibt, wäre ich Ihnen dankbar, wenn es nicht zu einer unguten Situation kommen würde.

Der Kunde darf also auf keinen Fall sagen: Eigentlich wollte ich ja nach Sizilien reisen! Somit schaffen wir eine faire Fragezeichen-Situation (vgl. *Anatomie der NEIN-Reaktion* in **Teil 2**), damit jeder Berater eine echte Chance hat, sein Sonderangebot zu „verkaufen". Was die Zeit angeht: Das Spiel wird in jedem Fall nach drei Minuten abgebrochen!

Jetzt gehen die drei „Berater" vor die Türe.

Schritt 2: Zusatzinformationen für die Zuschauer
Hier erklärt der Spielleiter der Gruppe, worum es ihm als Kunden in dieser folgenden Runde gehen wird. Zum Beispiel: Ich will einen billigen Urlaub, mit viel Sonne und mit einem Kindergarten im Hotel, damit meine Frau und ich auch mal ein paar Stunden lang alleine entspannen können.

Schritt 3: Das Spiel selbst (Transkript)
Hier finden Sie bei den Fallbeispielen unten Protokolle von Übungen aus dem Seminar. Für die Erlaubnis zur Veröffentlichung danke ich den Betroffenen, die jedoch namentlich nicht genannt werden wollen, ganz besonders.

> Mein Vorschlag: Lesen Sie die folgenden Beschreibungen aus den Seminarrunden sowie das Fallbeispiel aus einem Reisebüro, ehe Sie selbst zu spielen beginnen. Das ist dann so, als säßen Sie in der Mitte der Teilnehmerrunde, so daß die ersten Runden bereits gelaufen sind, ehe Sie selbst aktiv werden.

Und nun beginnt das Spiel.

Schritt 1: Allgemeine Einführung für alle

Es gilt alles bereits Gesagte (siehe oben). Den Mitspielern möchte ich noch sagen: Ich werde anfangs den Kunden spielen. Wenn Sie hereinkommen, zeigen Sie der Gruppe Ihren Ort. Danach treten Sie an den Tisch hier, der unser Reisebüro symbolisiert, und ich werde das Spiel beginnen mit den Worten: *„Ihr Kollege sagte, Sie würden gleich kommen; ich habe derweil schon Platz genommen."* Das ist Ihr Einsatz, ab diesem Moment läuft die Zeit.

Jetzt gehen die drei „Auserwählten" bitte hinaus.

Schritt 2: Zusatzinformationen für die Zuschauer

Also, wir wollen ja Fragetechnik üben, nicht wahr? Daher soll die erste Runde wie folgt ablaufen: Solange die Berater mit Fragen arbeiten, solange interessiere ich mich für *alles!* Das kann der Nordpol sein! Beginnt der Berater jedoch zu monologisieren, weil er nicht *fragen*, sondern unbedingt *sagen* will, dann geht er an meinen Bedürfnissen vorbei, dann fährt er eine ungünstige Strategie. Dann reagiere ich darauf:

Anfangs werde ich den *Augenkontakt* unterbrechen, dann werde ich auf seine Aussagen mit *Gegenaussagen* reagieren. (Nach dem Motto: Druck erzeugt Gegendruck!) Sie werden sehen, dreimal dasselbe Spiel; aber die *Stimmung*, die dabei erzeugt wird, kann sehr unterschiedlich sein. Wer viel sagt, bekommt den Eindruck, ich sei ein unmöglicher Kunde; d.h., er hätte eine Minus-Situation vor sich. *Wer viel fragt, schafft eine andere Situation!* In jedem Fall ist es eine Fragezeichen-Situation, bei welcher nur die Gesprächsführung entscheidet. Und wer fragt, führt von Fragezeichen zu Plus!

So, nun kann der erste hereinkommen.

Schritt 3: Das Spiel selbst (Transkript)[6]

Rom - Italien

Spieler Nr. Eins:

B: Ihr Kollege sagte, Sie würden gleich kommen; ich habe derweil schon Platz genommen.

A: Ah, ja. Mein Name ist Ahorn. Sie wollen Urlaub machen?

B: Genau!

A: Wissen Sie schon, wo Sie hin wollen?

B: Nein, da bin ich heuer noch völlig unentschieden. Ich wollte mich von Ihnen beraten lassen.

A: Prima. Wir haben ja eine große Auswahl, wie Sie sich denken können... Also, ich kann Ihnen praktisch die ganze Welt anbieten. *(Jetzt beginnt der Kunde mit den Augen*

---

[6] Natürlich sind die Transkripte stellenweise gekürzt; sie sollen ja nur die wichtigsten Trends aufzeigen.

umherzuschweifen) ... Also, ich meine... *(Schweigt hilflos, dann verärgert)* Aber Sie hören mir ja gar nicht zu!

B: *(Etwas unwillig im Tonfall)* Ich dachte, ich könnte hier eine gute Beratung finden...

A: Sicher, sicher! ... Dann schlage ich vor, fahren Sie doch nach Rom!

B: Rom kommt nicht in Frage!

A: Aber da haben Sie doch so herrliches Wetter!

B: Ich bin auf große Hitze überhaupt nicht scharf!

A: *(Mit Nachdruck)* Und dann ist dieses Sonderangebot besonders...

B: *(Verärgerter Tonfall)* Aha! Sonderangebot! Jetzt wollen Sie mir wohl irgendeinen Ladenhüter andrehen! Ist das Ihre optimale Beratung, welche auf meine Kundenbedürfnisse eingeht?!

A: *(Schweigt verlegen, grinst dann zur Gruppe hin)* Kann ich einfach aufgeben?

B: Natürlich!

Kommentar[7]**:** Sie sehen, Spieler Eins ist in Kampfmanöver „abgerutscht". (Vgl. den Abschnitt *Fragetechnik – Warum?* in **Teil 2**).) Das passiert in der täglichen Praxis natürlich auch häufig, wenn ein Kunde nicht auf den Berater eingeht; wenn der Augenkontakt unterbrochen wird oder wenn der Kunde Gegenaussagen macht (d.h., Einwände äußert). Wir entdecken hier nicht den Fehler eines einzelnen Spielers, sondern einen *Mechanismus*, der so häufig abläuft! Wollen wir sehen, wie es dem zweiten Spieler ergeht?

St.Gallen – CH

Spieler Nr. Zwei:

B: Ihr Kollege sagte, Sie würden gleich kommen; ich habe derweil schon Platz genommen.

A: Grüß Gott, mein Name ist Maier. Kann ich Ihnen helfen?

B: Tja, ich dachte, ich wollte mich wegen Urlaub informieren.

A: Sie haben anscheinend noch kein klares Ziel?

B: Nein, ich weiß heuer überhaupt noch nicht, wo ich hin will.

A: Fahren Sie alleine?

B: Ja.

A: Wann wollen Sie reisen?

B: Im August, erste Hälfte.

A: Ah ja. Und wie steht es mit dem Budget?

B: Na ja, nicht gerade Luxusklasse. So mittlere Preislage müßte gehen.

A: Dachten Sie an eine sehr weite Reise, oder könnten Sie sich Ihren Urlaub auch in unseren Breitengraden vorstellen?

B: Wenn mir der Ort gefällt, ist die Distanz unwichtig.

---

[7] Der Kommentar entspricht in etwa der „Manöverkritik" im Seminar; allerdings deute ich diese hier nur kurz an; detaillierte Besprechungen können erst erfolgen, nachdem alle drei Spieler drangewesen sind.

A: Und wollen Sie in ein Hotel gehen, oder ziehen Sie andere Wohnmöglichkeiten vor?

B: Ja, ja, Hotel klingt gut.

A: Wie möchten Sie den Urlaubstag selbst verbringen?

B: Also, ich möchte gerne etwas sehen, vielleicht kleine Tagesausflüge machen, wenn es dort etwas zu sehen gibt. Auch etwas schwimmen, aber eigentlich mehr in der Sonne liegen... Ja...und lesen. Im Urlaub kommt man endlich dazu!

A: Wenn ich alles, was Sie gesagt haben, so recht bedenke – Sie wollen Ruhe und etwas erleben, schwimmen, d.h. hauptsächlich sonnenbaden, lesen und in einem Hotel wohnen ... *(Kunde nickt zufrieden)*... Dann würde ich Ihnen St. Gallen in der Schweiz vorschlagen. Wäre das denkbar?

B: Aber sicher... DER REST IST DETAIL.

(Gruppe applaudiert begeistert.)

Kommentar: Hier erlebten wir eine ganz andere Stimmung als beim ersten Gespräch! Diesmal wurde die Fragezeichen-Situation eindeutig zum Plus gebracht. Aber es steht ja noch ein Spieler draußen...

Tirol – Austria

Spieler Nr. Drei:

B: Ihr Kollege sagte, Sie würden gleich kommen; ich habe derweil schon Platz genommen.

A: Guten Tag. Mein Name ist Heim. *(Nimmt Platz und schweigt)*[8]

B: *(Schweigt ebenfalls; die Gruppe kichert)*

A: Sie wollen Urlaub machen! *(Es klingt wie ein Angriff, wiewohl es eine Frage werden sollte)*

B: *(Nickt)*

A: Also, wir haben da zur Zeit ein tolles Sonderangebot, das kann ich Ihnen wärmstens empfehlen... *(Kunde unterbricht Augenkontakt)* Es ist dort sehr schön, ich war selbst auch schon dort. Wirklich – ein tolles Hotel mit Möglichkeiten zum Schwimmen, Reiten, Radfahren, Tennis...

B: *(Unterbricht)* Ich will Urlaub machen, nicht Sport treiben!

A: Natürlich können Sie das dort auch...

B: *(Unterbricht)* Was heißt da „auch"? Unter anderem könnte man dort wohl *auch* Urlaub machen? Das klingt nicht überzeugend!

A: Sie haben mich mißverstanden! Es ist ein schöner Urlaubsort.

B: Aha. *Ich* habe *Sie* mißverstanden. Wie schön, daß wir wissen, wer schuld ist... *(Gruppe beginnt zu grinsen)*

A: *(Unterbricht)* Mein Gott, legen Sie doch nicht jedes Wort auf die Goldwaage! *(Gruppe brüllt vor Lachen)*

---

[8] Schweigen kann eine ausgezeichnete Strategie sein, um den Kunden zum Reden zu bewegen; aber nicht am Anfang des Gespräches! Insbesondere, wenn der Kunde in das „Revier" des Beraters gehen muß wie in der Reisebüro-Situation.

B: Nun, ich reagiere nur auf Ihre Gesprächsführung.
A: Ich meine, Sie wollen gar nicht in Urlaub fahren!
B: Zumindest glaube ich, daß ich ihn wahrscheinlich woanders buchen werde.
A: Ja, tun Sie das mal!

Kommentar: Sie sehen, dieses Gespräch war recht schnell abgerutscht. Wie die anschließende Diskussion ergab, war Spieler Drei besonders nervös; er hatte ja schließlich am längsten warten müssen. Dadurch, daß er zwischendurch Lachen oder Applaus hörte, malte er sich aus, was drinnen wohl passieren würde. Fazit: Jeder kann mal nervös sein, aber...

- Wann immer wir nervös werden, dann droht unser Reptilien-Hirn sich einzuschalten (vgl. *Fragetechnik – Warum?* in **Teil 2**). Dies kann im Rollenspiel genauso passieren wie in der beruflichen oder privaten Praxis. Wenn die Spieler anfangs noch behaupten, daß sie normalerweise nie „so" reagieren, dann halte ich dem entgegen:

- Vielleicht reagieren Sie normalerweise „anders". Aber wenn *der* Grad an Nervosität oder Frustration erreicht wird, den Sie hier erlebt haben, dann fallen Sie ins Reptilien-Hirn und damit in *alte, vertraute, bekannte Verhaltensrillen* hinein. Denn auch bei unguten Gefühlen kann *niemand* ein Verhalten an den Tag legen, das ihm gänzlich unbekannt ist!

So, das war die erste Spielrunde.
Wenn Sie wollen, können Sie jetzt kurz innehalten, ehe Sie weiterlesen, und sich fragen , welche Aha-Effekte diese Runde Ih-nen gebracht hat. Im Seminar folgt jetzt auch eine Kleingruppendiskussion, ehe wir weiterspielen.

Schritt 1: Allgemeine Einführung für alle

Wir haben aus der ersten Spielrunde gesehen[9], daß es sinnvoll ist, bei Gesprächsanfang mit Fragen vorzugehen. Des weiteren haben wir festgestellt, daß die offene Frage des zweiten Spielers (*Wie* möchten Sie den Urlaubstag selbst verbringen?) das beste Ergebnis gebracht hat. Wir haben uns geeinigt, daß wir in Zukunft gleich mit offenen Fragen beginnen wollen. Bitte beachten Sie dies in der nächsten Spielrunde. Die drei neuen Mitspieler gehen jetzt bitte hinaus.

Schritt 2: Zusatzinformationen für die Zuschauer

Etwas *wissen* und etwas *tun* sind zweierlei. Weil die ersten Fragespiele JA/NEIN-Rätsel waren, haben wir zu Beginn des Urlaubs-Spiels sehr viele geschlossene Fragen erlebt. Man ist in einer Denk- oder Verhaltensrille! Nun wissen die Spieler zwar, daß sie jetzt offene Fragen stellen wollen, aber Sie werden es trotzdem nicht unbedingt auf Anhieb schaffen. Daher spiele ich die nächste Runde wie folgt:

- *Sollten Aussagen kommen* (was wir nicht hoffen), reagiere ich wie vorhin: Erst Augenkontakt unterbrechen, dann, falls der Spieler stur weiterredet, werde ich mit Gegenaussagen (Einwänden) operieren.

- *Bei geschlossenen Fragen* werde ich nur Ja oder Nein sagen.

- Bei *offenen* Fragen öffne ich mich. Dann teile ich dem Berater meine Wünsche offen mit. Daraufhin kann er abschätzen, ob sich meine Bedürfnisse mit seinem Angebot gut verbinden lassen. (Vgl. den Abschnitt Anatomie der NEIN-Reaktion in **Teil 2**.) Denn in der ersten Runde gab ich a priori eine Fragezeichen-Situation vor. Aber im wirklichen Leben begegnen wir ja auch Minus-Situationen.

Meine Bedürfnisse in dieser Spielrunde sind:
1. Heißes Wetter (mindestens 25 Grad täglich).
2. Großes, anonymes Hotel mit Möglichkeit, Golf zu lernen.
3. Nur Linienflug, Charter ist ausgeschlossen.

Angenommen, der Spieler bietet jetzt St. Gallen an, dann hat er diesmal keine Chance. Aber genau dies gilt es herauszufinden. Damit man bei einer Minus-Situation seine Argumente[10] überprüft, *ehe* man konkret anbietet. Denn das Urlaubs-Spiel soll uns ja helfen, eine Strategie zu entwickeln, welche unnötige Entscheidungs-Neins vermeiden hilft!

---

[9] Hier werden Ergebnisse der Gruppendiskussion bereits miteinbezogen.
[10] Das Konzept wird *im Anschluß* an diese zweite Spielrunde erläutert; die Idee ist jedenfalls, daß der Berater alle seine Argumente, die für sein Angebot sprechen, selektiv einsetzen soll.

Bodensee

Spieler Nr. Eins:

B: Ihr Kollege sagte, Sie würden gleich kommen; ich habe derweil schon Platz genommen.
A: *(Begrüßung, nennt Namen, nimmt Platz)* Kann ich Ihnen helfen?
B: Ja.
A: *(Stutzt, lacht)* Ach ja, das war eine geschlossene Frage. O.k., welche Vorstellungen haben Sie denn bezüglich der Art, wie Sie Ihre Tage im Urlaub verbringen wollen?
B: Ich würde furchtbar gerne Golf lernen, am besten gleich am Hotel selbst; also ein Hotel mit Golfplatz.
A: Was ist sonst noch für Sie wichtig?
B: Also das Wetter; es muß phänomenal sein!
A: Meinen Sie damit Temperaturen so um die 20 Grad, gnädige Frau?
B: Nein, mindestens 25 Grad. Wenn's geht mit Wetter-Garantie.
A: Aha, dann geht das nicht.
B: Was geht nicht?
A: Entschuldigung; ich hatte eigentlich an einen Urlaub in Deutschland gedacht. Aber mit der Wetter-Garantie wird es da wohl nichts. Frage: Ist das ein Muß-Faktor?
B: Ja, ich möchte einmal wirklich schönes Wetter im Urlaub haben!
A: Ja, das verstehe ich. Nun, wir haben ja so viele Angebote... *(Zur Gruppe hingewendet)* Ich glaube, ich sollte das Spiel hier abbrechen. Bezogen auf den Bodensee ist dies eine Minus-Situation.
B: Akzeptiert.

Kommentar: Nach anfänglichem Mini-Ausrutscher hat der Spieler die Aufgabe hervorragend bewältigt. Wir sehen, Minus-Situationen können *von der Logik her positiv* bewältigt werden, wenn wir ein anderes Angebot haben (wie im Reisebüro). Falls wir nur ein einziges Angebot zur Verfügung hätten, würde das Akzeptieren der Minus-Situation *heute von der Psycho-Logik her* eine *positive* Bewältigung darstellen und uns die Türe für spätere Gespräche mit demselben Kunden offenhalten. (Vgl. *Anatomie der NEIN-Situation* in **Teil 2**.)

Süd-Frankreich

Spieler Nr. Zwei:

B: Ihr Kollege sagte, Sie würden gleich kommen; ich habe derweil schon Platz genommen.
A: *(Begrüßung, nennt Namen, nimmt Platz)* Sie möchten über Ihren Urlaub nachdenken?

B: Ja.

A: Sie fahren alleine?

B: Ja.

A: Steht der Zeitpunkt schon fest?

B: Ja.

A: *(Grinst)* Also, wann wollen Sie fahren?

B: Mitte Juli bis Anfang August.

A: Welche Vorstellungen verbinden Sie denn mit Ihrem Urlaub?

B: Also dieses Jahr möchte ich unbedingt Golf lernen; ich dachte an ein Hotel mit Golfplatz. Das ist sehr wichtig.

A: Ist noch etwas wichtig, zum Beispiel die Umgebung?

B: Die weniger, aber das Wetter! Ich will mit an absoluter Sicherheit grenzender Wahrscheinlichkeit jeden Tag schönes Wetter.

A: Meinen Sie sehr warm oder darf es auch heiß sein?

B: Heiß. Mindestens 25 Grad wäre optimal.

A: Könnten Sie sich vorstellen, mit dem Flugzeug zu reisen oder gibt es da Probleme?

B: Solange es kein Charterflug ist...

A: Was halten Sie denn von Südfrankreich?

B: Klingt interessant... DER REST IST DETAIL.

(Gruppe applaudiert spontan!)

Kommentar: Nach anfänglichen geschlossenen Fragen ist es auch diesem Teilnehmer gelungen, seinen guten Vorsatz in die Tat umzusetzen. Übrigens hat dieses Dreierteam später erklärt, daß sie draußen bereits geübt hätten, damit sie beim Rollenspiel selbst nicht in geschlossene Fragen „fallen" würden. Daher gelang es den Spielern Eins und Zwei. Aber der dritte mußte ja alleine warten; dabei dachte er über dieses und jenes nach. Als er plötzlich den Applaus von drinnen hörte und gerufen wurde, mußte er schnell „umschalten". Diese Tatsache machte er auch für seine Gesprächsführung (unten) verantwortlich, die er jetzt realisierte.

Kairo – Ägypten

Spieler Nr. Drei:

B: Ihr Kollege sagte, Sie würden gleich kommen; ich habe derweil schon Platz genommen.

A: *(Begrüßung, nennt Namen, nimmt Platz)* Also?

B: Also was?

A: *(Etwas geistesabwesend)* Sie möchten verreisen?

B: Ja.

A: *(Leicht gereizt)* Wann?

B: *(Wie ein braver Schüler)* Mitte Juli bis Anfang August.

A: *(Noch gereizter)* Wohin?

B: *(Ebenfalls mit leicht aggressivem Tonfall)* Wenn ich das wüßte, könnte ich mir ja telefonisch ein Ticket bestellen, oder?

A: *(Stutzt, schweigt..., dann)* Entschuldigung, ich hatte da draußen ein Problem, aber da können Sie ja nichts dafür.

B: *(Besänftigt)* Schon gut, ist nicht weiter schlimm.

A: Also, Sie wollen Urlaub machen, Mitte Juli bis Anfang August. Würden Sie auch eine weitere Reise in Kauf nehmen?

B: Ja.

A: Ich nehme an, Sie wollen tolles Ferienwetter haben?

B: Ja.

A: Darf es auch so richtig heiß sein?

B: Ja.

A: Fahren Sie doch nach Ägypten! Da können Sie mit einem Schiff den Nil entlangfahren, die Pyramiden besichtigen, auf Kamelen reiten...

B: Nein, das will ich nicht.

A: Ich geb's auf. *(Zur Gruppe gewendet)* Das läuft nicht!

B: O.k.

Kommentar: Kairo wäre natürlich durchaus möglich gewesen. Erstens vom Wetter her, zweitens, weil es dort große Hotels mit Golfplätzen gibt und drittens, weil man mit einem Linienflug hinkommen kann. Aber bei dieser Gesprächsführung führte eben kein Weg dahin. Allerdings wäre das Gespräch durchaus noch zu retten gewesen, wenn der Spieler hier nicht vorzeitig aufgegeben hätte!

Schlußbemerkungen zu diesen Spielen

Falls Sie mein stures „ja", wenn ein „ganz genau" (oder so ähnlich) passender gewesen wäre, stört, dann bedenken Sie bitte: Ein Rollenspiel soll *Mechanismen* aufzeigen und *methodische Ansätze trainieren*. Daher muß sich der „Kunde" stur an die Vorgaben halten, sonst haben die drei Spieler keine vergleichbare Chance. Letztlich ist so ein Rollenspiel wie ein Blick durch ein Mikroskop. In diesem Mikrokosmos werden grundsätzliche Einsichten vermittelt, die man später sozusagen als „roten Faden im Hinterkopf" in die Verkaufssituation einbringen kann. Gerade, weil übertrieben und vereinfacht wird, werden bestimmte Aspekte klar!

Falls Sie denken, daß es den Teilnehmern gar nicht schwer fiel zu *fragen* (statt zu *sagen*), dann darf ich erstens darauf hinweisen, daß im Seminar immer zuerst die Ratespiele (Stufe 1) gespielt werden. Wenn Sie als Leser dieselben vielleicht "auslassen", dann aber die Übungen von Stufe 2 angehen, könnte es sein, daß Ihre Gruppe weit mehr Probleme hat, *überhaupt* zu fragen. Zweitens darf ich bemerken, daß ich nur die besseren Spielrunden als Beispiele ausgewählt habe; es gibt auch Gruppen, bei denen diese Spiele zunächst weit schlechter verlaufen, so daß wir vielleicht fünf oder sieben "Runden drehen" müssen, bis die Gruppe an dem Punkt angelangt ist, der in diesen Transkripten symbolisiert wird. Denn hier zeigt es sich ja, daß diese Teilnehmer bereits recht gut mit ihren Fragen umzugehen vermögen. Dies aber ist die Basis, auf der alles weitere aufbauen wird. Denn erst, wenn wir überhaupt in Fragen zu denken vermögen, können wir beginnen, differenzierter vorzugehen. Zum Beispiel zwischen (ganz oder relativ) offenen bzw. (ganz oder relativ) geschlossenen Fragen[11] zu unterscheiden. Später werden wir noch weit differenzierter denken müssen, wenn wir zu Stufe 3 kommen.

Aber jetzt, als Bonbon, ein echtes Fallbeispiel. Die Teilnehmer sagen nämlich manchmal, wenn sie bei den ersten Urlaubsübungen schlecht „abschneiden" (sprich: viel zuwenig fragen), daß ihr Fachgebiet ja ein ganz anderes sei, und daß ihnen „so etwas" normalerweise nie passieren würde. Nun, ich habe einmal die Probe aufs Exempel gemacht, als ich ein Reisebüro schulen sollte. Es wurde ein echtes Gespräch mitgeschnitten[12]. Die Kundenrolle des B hat ein Trainerkollege gespielt, wobei der Berater im Reisebüro zunächst nicht ahnte, daß hier jemand „spielte".

Eine echte Urlaubsberatung

Ich hatte den Besitzer des Reisebüros gebeten, seinen Beratern eine ähnliche Aufgabenstellung zu geben, wie wir sie in Stufe 2 im Seminar trainieren.

Sie lautete:

Es ging dem Besitzer hier um eine Charterfluglinie nach Griechenland, nicht um ein bestimmtes Hotel an einem bestimmten Ort.

Aber ehe ich Ihnen zeige, was passierte, lassen Sie mich noch kurz die Idee mit dem Argumentenköfferchen erläutern.

Das Argumentenköfferchen

Stellen wir uns vor, A und B sitzen sich gegenüber. A ist immer derjenige, der etwas verkaufen möchte. In diesem Falle also Griechenland. Nun gibt es Gründe, die für sein Angebot sprechen; diese zu sammeln gehört zur Gesprächsvorbereitung. Sie als Profi wissen das ja! Stellen wir uns vor, A's Argumente seien in dem „Köfferchen", das er in die Gesprächssituation gebracht hat:

[11] Vgl. den Abschnitt *Situationen für geschlossene Fragen* in **Teil 2**.
[12] Das Transkript wurde zuerst veröffentlicht in: *Psycho-logisch richtig verhandeln*, op. cit., S. 113-116.

Ziel einer klugen Verhandlungsstrategie sollte es nun sein, zuerst eine Inventur vorzunehmen (im Sinne der Urlaubs-Spiele, siehe oben), um anschließend zu entscheiden, welche der vielen möglichen Argumente für *diesen* Kunden von besonderem Interesse sein werden, statt einfach *irgend*welche Argumente hervorzuholen, ehe wir wissen, wie sie „ankommen" werden. Leider muß ich feststellen, daß dies in der Praxis weit häufiger geschieht, als Sie vielleicht im ersten Ansatz denken möchten.

Hier ist der Inhalt von A's 🗄

1. Billig.
2. Herrliches Wetter.
3. Alle In-Leute gehen derzeit dorthin.
4. Großer Strand, direkt am Hotel (wirklich!).
5. Ausgezeichnete griechische *und* deutsche Küche.
6. Das Personal ist (oder spricht) deutsch, so daß reibungslose Kommunikation mit Deutschen gewährleistet wird. (A meint natürlich vom Vokabular her.)
7. Zwei große Bars, davon eine mit einer Riesentanzfläche.
8. Kindergarten für die Kleinen, damit Eltern auch mal etwas ausspannen können.
9. Besonders günstige Hin- und Rückflug-Pauschalpreise mit unserer Charterlinie.

Jetzt können wir uns das folgende Gespräch „anhören". Vergessen Sie bitte nicht: Dies war „live", kein Rollenspiel im Seminar!

B kommt in das Reisebüro, sieht, daß alle Berater beschäftigt sind. Niemand grüßt ihn. Endlich sieht Herr A unseren Kunden und deutet auf einen Stuhl: „Moment noch, bitte." Der *Moment* dauert sechs Minuten. Na schön.

A: Womit kann ich dienen?
B: Tjaaa... also, wegen eines Urlaubs. Da hätte ich mich gern einmal informiert.
A: Schon etwas Bestimmtes im Sinne?
B: Eigentlich nicht. Ich wollte mal sehen, was es da alles so für Möglichkeiten gibt.
A: *(Strahlt und öffnet sein Köfferchen)* Da schlage ich Ihnen Griechenland vor. Da haben wir derzeit ein hervorragendes Sonderangebot. Sehr preiswert!

A hat das erste Argument aus dem Köfferchen geholt.

B: Also wissen Sie, Geld ist dieses Jahr überhaupt nicht wichtig. Ich habe da nämlich...
A: *(Unterbricht)* Aber Sie haben dort herrliches Wetter. Traumhaft, sage ich Ihnen!

A hat sein erstes Argument verloren und holt sofort sein zweites hervor.

B: Ja, aber es muß doch woanders auch schönes Wetter geben?! *(Päng)*

A: *(Leicht gereizt)* Aber alle unsere Kunden sind begeistert. *(Sozialer Druck)[13]* Und es steht im Stern-Reisejournal!

A hat auch sein zweites Argument verloren und holt sofort sein drittes hervor.

---

[13] Dies ist ein Kampfmanöver: vgl. *Fragetechnik – Warum?* in **Teil 2.**

B: Ja, aber das interessiert mich wirklich nicht, wo *man* hinfährt!

A: *(Etwas lauter)* Sie haben dort einen wunderbaren Strand direkt am Hotel. Wirklich, sehen Sie mal hier! Das ist keine Trickaufnahme! Außerdem gibt es dort eine ausgezeichnete griechische und deutsche Küche...

A hat sein drittes Argument verloren und schlägt jetzt gleich *doppelt* zu,
mit den Argumenten Nr. vier *und* fünf!

B: *(Etwas hilflos)* Ja aber, haben Sie denn nur Griechenland anzubieten? Ich dachte, ich könnte mich hier beraten lassen?

A verlor auch diese beiden Argumente. Sein Köfferchen wird immer leerer.
B hat hingegen noch „ massenhaft" Gegenargumente!

A: *(Auf seinen Prospekt deutend, allerdings mit ziemlich aggressiver Gestik)* Die Leute sprechen dort hervorragend deutsch, da brauchen Sie sich keine Sorgen zu machen.

Als A auch noch das sechste Argument herausholen will, „platzt B der Kragen":
Er geht jetzt zum Kampf über, weil seine Kampfhormone fließen.

B: Also jetzt reicht es mir! Ob ich mit dem Personal im Ausland auskomme, können *Sie* gar nicht beurteilen! *(In aufgebrachtem Tonfall)* Zufällig habe ich bisher noch nirgendwo Sprachprobleme gehabt! Außer mit Ihnen! Sie sprechen nämlich eine Sprache, die mir nicht gefällt! *(Damit erhebt sich B und geht hinaus.)*

Wir hatten diese „Probeberatung" in einem Reisebüro inszeniert, in dem eine Woche später eine Schulung stattfand. Deswegen konnten wir A's Verhalten später mit ihm gemeinsam analysieren. Er sagte dann, so stur verhalte er sich sicher nicht oft, er habe halt damals eine schlechten Tag gehabt. Sicher, aber: Wieviele solcher Tage können wir uns leisten? Einen im Jahr? Zehn? Fünfzig?

Oder lassen Sie es mich anders ausdrücken: Glaubt denn irgendein professioneller Verhandlungspartner oder Verkäufer, daß er auf dem Schlachtfeld „zerschossener" Argumente, die er verfrüht angeboten hat, einen „Krieg" gewinnen kann...

... oder sollten wir nicht versuchen, die Verhandlungssituation eher mit einem Kartenspiel unter Freunden zu vergleichen?

- Welcher Pokerspieler zeigt zuerst sein Blatt und will anschließend spielen?
- Warum gehen wir beim Verkaufen nicht genauso vor?
- Warum versuchen wir nicht, möglichst zu erfahren, welches Blatt der andere hält, ehe wir uns auf unsere weitere Strategie festlegen lassen?

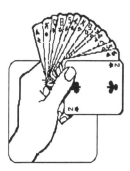

Warum eigentlich nicht?

Übungen:
Skripten schreiben

Diese Übungen sind schnell erklärt: Es gilt, im Muster des Erübten einige Skripten zu erstellen wie für ein Theaterstück. Dies kann sowohl von einem einzelnen als auch in Kleingruppenarbeit geschehen. Wenn Gruppen sich als Autorenteam betätigen, dann bitten wir immer darum, daß zwei Spieler aus jeder Gruppe das "Stück" hinterher auch "aufführen", was meist unter viel Gelächter geschieht. Der wesentliche Aspekt dieser Übung ist das *Schreiben*[14] der Skripten selbst. Dabei sollte man im Optimalfall folgende Varianten in der hier vorgeschlagenen *Reihenfolge* erarbeiten:

1. Skripten zum Urlaubs-Verkauf

Mindestens eins, gerne mehr! Je lieber Sie schreiben, desto mehr Spaß macht Ihnen diese Übung. Denn hier sind auch Phantasie und Kreativität im Erfinden von Bedürfnissen und Vorteilen des Beraters gefragt.

Am besten wäre es, wenn Sie das verpatzte Urlaubsgespräch aus dem echten Reisebüro umschreiben würden.

Sie finden im Anhang (Analyse einiger Gesprächsprotokolle) ein solches Skript zum Vergleich. Dort greift der Berater die Argumente des Kunden noch einmal auf, allerdings diesmal *psycho-logisch richtig*.

2. Parallelskripten zu einem Produkt, das Sie selbst gerne einkaufen würden

Je mehr Sie sich mit der Kundenrolle identifizieren, desto besser. Dann vergessen Sie nämlich jene "Seite des Zaunes" nicht mehr so leicht, wenn Sie Ihrem Kunden später wieder gegenüberstehen!

---

[14] Ob Sie selbst schreiben oder diktieren, ist egal, solange Sie sich selbst die Dialoge Wort für Wort ausdenken, überdenken und planen müssen.

3. Parallelskripten aus Ihrer Branche

Erst jetzt setzen Sie das Gelernte auf Ihr Produkt (Ihre Dienstleistung, Ihr normales Anliegen usw.) um.

Achtung: Es liest sich leicht über die Übungen hinweg. Aber viele Jahre Seminararbeit haben eindeutig gezeigt, daß jene Teilnehmer die größten (teilweise sogar spektakuläre) Fortschritte aufwiesen, die alle drei Übungsvarianten sorgfältig durchgearbeitet hatten. Sie entscheiden natürlich selbst, aber bitte unter Berücksichtigung dieser Information.

Zwischenspiel

Ehe wir weitergehen, sollten wir noch kurz auf die ersten beiden Stufen zurückblicken, um einige Schlußfolgerungen zu ziehen bzw. Regeln/Konsequenzen abzuleiten...

Im Seminar geschieht dies durch eine Kleingruppendiskussion bzw., wenn gewünscht, in Einzelarbeit.

Falls Sie diesen Kurs soweit wie möglich als Seminarersatz betrachten möchten, dann könnten Sie hier innehalten und zuerst einmal selbst überlegen, welche Gedanken *Sie* aus dem bisher Gesagten ableiten wollen, ehe Sie Ihr Ergebnis mit dem folgenden vergleichen wollen.

Wollen Sie wirklich schon umblättern?

STOP

Resümee über die erste und zweite Stufe

In Stufe 1 sichern[15] wir unsere Fähigkeit ab, überhaupt Fragen zu stellen. Dazu dienen die Rätselaufgaben, die langsam schwieriger werden. So kann jeder Mitspieler seine Fähigkeit zu fragen verbessern, egal, welche Ausgangsposition er hatte. Als oberste Regel für Stufe 1 gilt:

**Im Zweifelsfalle gar nichts sagen,
lieber irgend etwas fragen**

Wenn aber die grundsätzliche Fähigkeit, in Fragen zu denken, vorhanden (antrainiert) ist, dann gilt es, differenzierter vorzugehen. So z.B., indem wir von der großen Kategorie zur kleineren vorgehen, wenn wir einem anderen Einzeldaten entlocken müssen. Oder wenn wir mittels Rückkoppelungsfragen den Vielredner dorthin führen, wo wir ihn haben wollen[16]. Motto:

Wer fragt – führt. Immer!

Es heißt ja letztlich auch Gesprächs*führung*, oder? Der Fragende führt jedoch nicht nur, weil er die Initiative ergreift, sondern auch, weil er mit Worten Vorstellungen im anderen erweckt. Eine Vor-Stellung ist ein Etwas, welches wir vor unser (geistiges) Auge hinstellen, ...

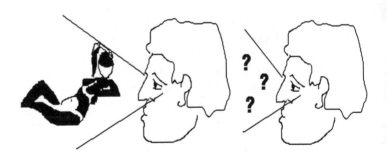

... um es zu betrachten.

Und umgekehrt: Wenn wir etwas nicht begreifen, dann sagen wir, wir könnten uns kein Bild machen. Das heißt:

---

[15] Falls Sie bisher nur gelesen haben, dann zeigt Ihnen dieses Resümee u. a. auch, wozu die einzelnen Übungen dienen würden, falls Sie sich doch noch zur praktischen Übung entschließen könnten.
[16] Vgl. bitte *Situationen für geschlossene Fragen* in **Teil 2**.

**Der kluge Fragetaktiker
bestimmt die Bilder,
die das Denken des
Kunden jetzt steuern.**

In Stufe 2 sorgten wir durch unsere differenzierte Fragetechnik dafür, daß wir ein Entscheidungs-Nein möglichst vermeiden (wie im Urlaubs-Verkauf-Rollenspiel).
Das Modell für diese Art der Gesprächsführung:

1. Inventur (offene Fragen!)
2. Rückkoppelung (nochmaliges Nennen der wichtigsten Punkte)
3. Entscheidung:

Habe ich gute Argumente für diesen Kunden in meinem Argumentenköfferchen?
Wenn ja – Angebot (fachliche Argumentation)
Wenn nein – Entweder anderes Angebot machen oder die heutige Situation als Minus-Situation akzeptieren.

Es gilt also, unser Argumentenköfferchen nicht vorzeitig zu leeren. Trotzdem werden wir ab und zu mit einem Entscheidungs-NEIN konfrontiert bzw. dadurch blockiert werden.[17]

Darum soll es uns jetzt in der dritten Stufe gehen.

---

[17] Die Gefahren des Blockiert-Seins werden in dem Abschnitt *Fragetechnik – Warum?* (in **Teil 2**) erläutert; wichtige Stichworte sind *Reptilien-Hirn, HoRmo Sapiens, Frustration.*

Teil 1C

PRAXIS

Stufe 3:
Dem NEIN entgegnen

Es folgt der dritte Abschnitt des Übungzyklus. Sein Ziel ist es, eine intelligente
Strategie zu entwickeln, um dem NEIN des Kunden, das trotz aller Sorgfalt
nicht zu vermeiden war, optimal zu begegnen.

Die Ausgangssituation
für Stufe 3

Als ich noch in den USA lebte, war ich einmal auf einer Gartenparty zu Gast, auf welcher Vietnam-Veteranen zu Hause willkommen geheißen wurden. Der Begriff "Veteran" löst wohl eher die Vorstellung eines älteren Soldaten aus, aber diese waren 18 bis 21 Jahre jung.

Mark, ein ausgesprochen hübscher Junge, hatte sich bequem in einer Hollywoodschaukel installiert und ließ sich Essen und Trinken bringen, während er sich angeregt unterhielt. Nun gab es auch Tanz, und einige der Damen schielten immer nach ihm, aber er machte keinerlei Anstalten, ihren Wünschen entgegenzukommen. Es begann ein erstes „Winken mit dem Zaunpfahl", welches kein Resultat brachte. Schließlich folgten offene Aufforderungen (Nun tanz doch endlich mal, du sollst Spaß haben hier! Die anderen tanzen doch auch! usw.) Die Damen leerten ihre Argumentenköfferchen, jedes Nein seinerseits brachte phantasievollere Gründe hervor, warum er doch unbedingt tanzen sollte[1]. Nun, um eine lange Geschichte zu verkürzen, sei festgestellt, daß dieser junge Kriegsveteran an beiden Beinen oberhalb der Fußgelenke amputiert worden war. Er trug Prothesen und seine Krücken lagen unter der Hollywoodschaukel im Gras. Glauben Sie mir, es war allen Betroffenen *sehr peinlich*!

Diese Situation ist für mich ein Paradebeispiel für das, was ich als Minus-Situation bezeichne.[2]

---

[1] Wobei die Gründe immer betonten, daß man *ihm* helfen wolle, daß *er* sich doch amüsieren solle, daß es um *sein* Tanzvergnügen ginge usw. Auch das erlebt man häufig, daß Menschen ihre egoistischen Motive hinter einem Schutzschild *(Ich will doch nur dein Bestes)* verbergen.
[2] Vgl. bitte auch: *Anatomie der NEIN-Reaktion* in **Teil 2**.

Die Minus-Situation

Die Situation mit Mark soll alle Minus-Situationen symbolisieren; damit meinen wir...

 ...ein NEIN,
welches durch Verhandlungsgeschick
nicht zu ändern ist.

Gelänge dies doch, dann wäre es eben keine Minus-, sondern eine Fragezeichen-Situation, welche per definitionem zu Plus bewegt werden kann (vgl. *Anatomie der NEIN-Reaktion*), im Gegensatz zur Minus-Situation, bei welcher dies nicht möglich ist!

Angenommen, Sie wollen jemandem eine Lebensversicherung verkaufen. Je mehr Ihnen daran liegt, diesen Abschluß zu „machen", desto mehr Energie stellt Ihr Organismus Ihnen zur Verfügung (denn alles, was wir tun, muß mit Energie „finanziert" werden). Wenn der Kunde sich nun trotz Ihres vorsichtigen Taktierens (im Sinne des Schemas der Stufe 2) weigert, dann stehen Sie vor dem Entscheidungs-NEIN. Nun besteht die große Gefahr, daß *Sie selbst* aus dem Reptilien-Hirn reagieren und zum HoRmo Sapiens werden.

Deshalb ist es hilfreich, die Strategie der dritten Stufe zu begreifen bzw. zu *üben*, und zwar *ehe* man dem Kunden gegenübersitzt. Daher sind die Übungen dieses dritten Teils die Voraussetzung für Erfolg in der täglichen Praxis. Ausnahme: Sie stellen beim Lesen fest, daß Sie bisher bereits intuitiv "so" vorgegangen sind. In diesem Fall könnten Sie sich kräftig auf die Schulter klopfen und Ihre Strategie auch in Zukunft, und zwar bewußt, einsetzen.

Stufe 3:
Die NiederLagenLose Verhandlungsmethode (= NLL)

Die im folgenden erläuterte Strategie, welche ich als *niederlagenlose Verhandlungsmethode*[3] bezeichne, bildet den krönenden Abschluß dessen, was wir bisher erarbeitet haben. Wenn Ihre persönliche Entwicklung mit der meiner Seminarteilnehmer vergleichbar ist, dann bedeutet das, daß auch Sie einst in der Lage waren, „niederlagenlos" vorzugehen, denn:

Jedes Kind beherrscht die NLL-Methode besser als die meisten Profis (bis sie ihm „ausgetrieben" wird)!

Fallbeispiel:

Mutti, kriege ich ein Eis?
Nein.
Warum nicht?
Weil du nachher mittagessen sollst.
Wenn ich nachher brav esse?
Sei ruhig; ich habe NEIN gesagt!

Dies ist sehr verständlich, wenn man begreift: Die meisten „Großen" finden es gar nicht lustig, wenn Kinder ihre Beweggründe in Frage stellen (Warum muß ich jetzt ins Bett?), während Erwachsene das Benehmen ihrer Kinder (und Mitmenschen im allgemeinen)[4] außerordentlich (vor)schnell zu kritisieren bereit sind (Wehe, du ziehst diese alte Jeans an!). Aber heute verhandeln Sie ja als Erwachsener mit einem anderen Erwachsenen. Heute spräche nichts gegen die NLL-Methode, außer der Tatsache, daß zu viele Verkäufer und Berater sie nicht *mehr* beherrschen!

Aber es gibt einen zweiten Grund dafür, daß das Verhalten der meisten professionellen Verkäufer und Berater weitgehend *nicht* der NLL-Methode entspricht. Denn wir reagieren doch in der Regel, wie schon erwähnt, aus unseren *Erfahrungen* heraus. Da aber die meisten Menschen ihre Fähigkeit zu fragen verlernt haben, waren unsere erwachsenen Vorbilder früher ja auch derart verbildete "normale" Erwachsene. Deren Verhalten imitierten wir, denn ein Großteil dessen, was wir überhaupt lernen, eignen wir uns auf dem Wege der Imitation an. Deshalb ist es ja so gefährlich, wenn Eltern *fordern*, man solle nicht lügen, sich aber regelmäßig vor der geschwätzigen Nachbarin verleugnen lassen. Oder wenn Eltern *fordern*, man solle über Probleme nachdenken, um sie zu lösen, während sie selbst Problemen mit Aneinander-Vorbeirede, Schimpfen, Schreien usw. begegnen. Oder wenn Eltern mit Worten behaupten, Lesen und Schreiben seien wichtige Fertigkeiten, die man lernen müsse. Aber zu Hause wird außer der Fernsehzeitung

---

[3] Dieser Ausdruck ist der Terminologie von Thomas Gordon entlehnt, dessen Bücher eine hervorragende Ergänzung zu diesem Kurs darstellen, falls Sie wirklich in die Tiefe gehen wollen. Allerdings bezieht sich meine Verwendung des Wortes *niederlagenlos* speziell auf die Situation, in der wir von einem Entscheidungs-NEIN überrascht und zunächst blockiert werden. Übrigens ist im folgenden NLL die Abkürzung für NiederLagenLos.
[4] Denken Sie nur an die vielen Autofahrer, die alle die „einzigen" sind, die sich korrekt verhalten...

nichts gelesen und außer dem Einkaufszettel nicht viel geschrieben. Ähnliches gilt, wenn die Vorbilder in Momenten von Streß sofort zur Flasche greifen oder gar zum offenen Angriff übergehen (Ohrfeigen).

Wir sehen, warum Tausende von Verkäufern in der Vergangenheit zu Menschen herangezogen wurden, die im Zweifelsfalle Monologe halten (das nennen sie dann „argumentieren"), die zu häufig in Kampf- oder Fluchtmanöver „abrutschen" und die zu wenig „eingehen" können auf ihr Gegenüber. Das sind die Erfahrungen, die die meisten Menschen im Heranwachsen mit ihren Vorbildern gemacht haben. Mit Eltern, Lehrern, Chefs, Nachbarn, Bekannten usw.

Die Frage ist nur – muß das auch so bleiben? Die Seminarerfahrung hat gezeigt, daß die Teilnehmer durchaus bereit und fähig sind umzulernen, wenn Sie einmal begriffen haben, inwieweit ihre bisherige Entwicklung für ihr heutiges Verhalten verantwortlich ist. Dies ist die Basis, auf der sich aufbauen läßt, denn: Für die Vergangenheit können Sie nicht viel; aber die Zukunft können Sie sehr wohl anders gestalten.

Wie ist nun die NLL-Methode aufgebaut? Im Grunde ist sie ganz einfach; deswegen beherrschen sie ja die Kleinen so gut!

Aufgabe:
Bitte sehen Sie sich das Fallbeispiel (Eis, oben) noch einmal an und analysieren Sie es. Was hat das Kind getan? Wie sieht das darunterliegende Schema (das Paradigma aus) das hier zum Einsatz kommt?

Am besten wäre es, wenn Sie das versuchen würden, ehe Sie weiterlesen.

Schritt 1:_____
Schritt 2:_____
Schritt 3:_____

Schritt 1: A macht sein „Angebot";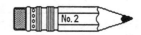

denn dieses „Mutti, kriege ich ein Eis?" entspricht dem „Angebot", welches A „verkaufen" will. Dieser Satz kann genausogut lauten: Bitte unterschreiben Sie den Vertrag! (Akzeptieren Sie dieses Angebot! Kaufen Sie! Verkaufen Sie mir doch Ihren Computer! usw.)

Wenn wir optimal vorgehen, vermeiden wir vorschnelle "Angebote"; das haben wir ja in Stufe 2 trainiert. Aber manchmal glaubt man, genügend "Vorarbeit" geleistet zu haben; oder man geht von Informationen Dritter aus (Der Kunde Maier will unbedingt nach Rom) und merkt zu spät, daß die Prämissen falsch sind. Oder wir waren einfach zu schnell, was, wie die ersten Spielrunden im Seminar häufig zeigen, vielen Verkäufern passiert, *wenn sie nervös werden.*

Wie dem auch sei. Wir haben unsere Karten offen auf den Tisch gelegt, und der andere sagt NEIN. Was tut das Kind jetzt? (Bzw.: Was sollte A jetzt tun?)

Schritt 2: Die Warum-Frage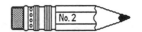

(Das Kind sagte: „Warum nicht?") Diese Frage kann ebensogut lauten: „Wieso?" Übrigens gibt es weit elegantere Formulierungen, wie wir gleich sehen werden. Wir sprechen jedenfalls von der *Warum-Frage* in Schritt 2, selbst wenn das Wort „warum" nicht fällt. Andere Ausdrucksmöglichkeiten sind z.B.:

- Was spricht bitte dagegen, Herr Kunde?
- Darf ich nach dem Grund fragen?
- Was möchten Sie denn statt dessen tun?
- Ah, Sie möchten das also nicht?[5]

Interessanterweise reagieren die meisten Menschen positiv, wenn wir sie nach ihrem Grund bzw. ihren Gründen fragen. Denn das zeigt ja Interesse sowie, daß wir den anderen ernst nehmen. Und das ist gut fürs Selbstwertgefühl (wie bereits in **Teil 2**, Abschnitt *Fragetechnik – Warum?* dargelegt wurde). Selbst die Mutter erklärt dem Kind den Grund: *Weil du nachher mittagessen sollst.*

Jetzt überlegt das Kind. Allerdings sieht es die Situation anders als die Mutter; es kann sich nämlich durchaus vorstellen, daß Eis und Mittagessen kein Entweder-oder, sondern ein Sowohl-als-auch darstellen könnte. Also stellt es jetzt die Vorstellung der Mutter in Frage, indem es zu Schritt 3 übergeht.

---

[5] Hier wendet man eine Form dessen, was Thomas Gordon *aktives Zuhören* nennt, an. Man wiederholt die Worte oder den Sinn der Worte des Partners, geht mit dem Tonfall leicht in die Höhe und läßt das Satzfragment dann „in der Luft hängen". Dies führt meist dazu, daß der andere weiterspricht. Häufig wird er jetzt freiwillig seinen Beweggrund nennen.

Schritt 3: Angenommen...?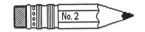

Das Kind formuliert die sogenannte Angenommen-Frage zwar etwas anders, aber von der Logik her ist es eine solche. Es sagt: *Wenn ich...*, (wobei es impliziert: was passiert *dann*)? Dies entspricht einem: *Angenommen* (das wäre nicht so)...?

Wenn die Mutter das Kind respektieren würde, müßte sie jetzt noch einmal nachdenken. Aber wie oben schon erwähnt, setzen sich wenige Erwachsene ernsthaft mit ihrem „Kindermund" auseinander.

Auf die Situation beim Kunden bezogen heißt das:

Sie können die NLL-Methode um so besser anwenden,
je mehr Ihr Kunde Sie respektiert. Wenn *Sie* ein gutes Gesprächsklima geschaffen haben, wenn *Sie* bisher (in Ihren Inventurfragen, Stufe 2) auf ihn und seine Wünsche eingegangen sind, wenn *Sie* sein Selbstwertgefühl bisher respektiert haben -, dann wird er *genau so* reagieren, wenn Sie ihm die Warum- bzw. die Angenommen-Frage stellen. Dann ist er genauso bereit, sich mit Ihren Gedankengängen auseinanderzusetzen!

Wenn ein Verkäufer hingegen überwiegend monologisiert, wenn er den Kunden überreden statt überzeugen will, dann ist er unfähig zur NLL-Methode, weil sie zum Eigentor werden muß. Warum sollte ein Kunde aufmerksam und folgerichtig über A's Fragen oder Einwände nachdenken, wenn A dieses Nachdenken über Informationen, Argumente des Kunden vorher nicht praktiziert hat usw.?

Interessanterweise ist die NLL-Methode immens hilfreich, wenn der Kunde über seine Situation noch nicht genügend nachgedacht hat. Sie hilft ihm sozusagen, gewisse Einsichten zu gewinnen. Daher stellt sie eine „Brücke" dar, die wir dem anderen bauen .

Somit ist die NLL-Methode genau dann sinnvoll, wenn es gilt, Fragezeichen-Situationen zu Plus umzuwandeln. Denn wir hatten ja eindeutig festgestellt, daß wir nicht versuchen werden, eine echte Minus-Situation „umzudrehen". Aber da wir hier und jetzt noch nicht wissen, ob dieses NEIN ein Fragezeichen- oder ein Minus-NEIN darstellt, ist die NLL-Methode als Denkinstrument sehr hilfreich.

Übrigens werde ich sehr oft gefragt, wie ich die NLL-Methode „entwickelt" habe. Nun, es sind zwei Faktoren: Einerseits ist eine ähnliche Gesprächsführung im therapeutischen Bereich[6] schon seit langem bekannt, wenn es gilt, auch *unbewußte* Beweggründe des Patienten (Partners, Kindes) zu finden. Andererseits haben Analysen ergeben, daß *überdurchschnittlich erfolgreiche Verkäufer* weltweit intuitiv so vorgehen: Weil sie den Weg

---

[6] Vgl. auch die Bücher von Thomas Gordon, auf welche bereits verwiesen wurde. Von ihm habe ich den Begriff „niederlagenlos" übernommen.

des Kindes beibehalten oder wieder entwickeln konnten; oder weil sie in einer Umwelt aufwachsen durften, in der die Erwachsenen besser kommunizierten als viele "normale" Zeitgenossen in unserer "zivilisierten" Gesellschaft. Oder weil sie dieses Verhalten später erlernten, z.B. indem sie intuitiv erfolgreiche Kollegen als Lehrmeister hatten.

Paradigma der NLL-Methode:

Schritt 1: A macht sein „Angebot"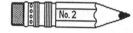

= Mutti, kriege ich ein Eis?
Nein.

Schritt 2: Die Warum-Frage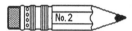

= Warum nicht?
Weil du nachher mittagessen sollst.

Schritt 3: Angenommen...?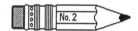

= Wenn ich aber nachher brav esse...?

Übungen zu Stufe 3:
Mit NLL zum Erfolg

Es folgen einige Übungen, die für diesen Kurs überarbeitet wurden, denn nicht jeder Leser hat immer Mitspieler, insbesondere solche, die bereits auf dem Niveau der dritten Stufe agieren können. (Sei es, weil sie intuitiv weit besser vorgehen als die meisten Verkäufer, sei es, weil sie bereits die Übungen zur ersten und zweiten Stufe hinter sich gebracht haben.) Lassen Sie mich ausdrücklich betonen, daß die Verbesserung im Seminar von Tag zu Tag sichtbar ist! Aber dort wird ja auch 80% der Zeit trainiert.

Damit auch die Einzelperson ein Training der Stufe 3 durchlaufen kann, finden Sie im folgenden Übungen,

● welche keinen Partner benötigen, sowie solche,
● bei denen Sie mit jemandem "üben" können, der keine Ahnung davon hat, daß Sie gerade trainieren!

Das ist wichtig, denn die NLL-Methode soll ja die Kommunikation bei NEIN-Situationen (= Schwierigkeiten) verbessern, so daß der Denkansatz in allen möglichen, auch privaten Situationen Gültigkeit hat.

Übungskategorie 1:
Die Wahrnehmung schärfen

Es gilt, ein verschärftes Bewußtsein für das Vorgehen der meisten Menschen bei NEIN-Situationen zu erwerben. Hierzu dienen die folgenden Übungen, welche Sie so oft wie möglich durchführen sollten. Dabei gilt: Die ersten „Durchgänge" absolvieren Sie „laut Fahrplan", aber schon nach wenigen Tagen können Sie gar nicht anders, als solche Momente aufmerksam zu registrieren, eben weil Ihr Bewußtsein geschärft wurde. Und genau dies ist das Ziel.

Denn nun ähnelt Ihre Situation der eines Seminarteilnehmers, welcher nach unzähligen Spielrunden ebenfalls weit differenzierter sehen und hören wird als vor dem Seminar. Wenn die Spielpartner fehlen, kann man sich welche suchen, auch wenn die Betroffenen nicht wissen, daß Sie ihr Verhalten analysieren werden.

Bitte beachten Sie: Mit *Entscheidungs-NEIN* ist nicht nur jedes *NEIN* gemeint, das jemand sagt, wenn er ein Angebot ablehnt, es ist auch...
- jede Äußerung, die anzeigt, daß B Ihre Meinung nicht teilt, Ihren Rat nicht annehmen will, Ihnen nicht zustimmt;
- jede „Widerrede", jeder „Einwand", jedes Ablehnen eines Angebotes oder einer Bitte, Ihnen einen Gefallen zu erweisen.

Eben weil das Entscheidungs-NEIN oft gar kein „Nein" einschließt, ist es notwendig, sich im Erkennen zu üben. Nachfolgend sind zehn Situationen kurz angedeutet; bitte entscheiden Sie, welche ein Entscheidungs-NEIN beinhalten.

1

Entscheidungs-NEIN ☐

Informations-NEIN ☐

Mutter: Du trägst jetzt sofort den Mülleimer hinunter!
Sohn: Immer ich! Warum fragst du nicht mal den Peter?
Mutter: Einmal möchte ich es erleben, daß du mir hilfst! Einmal nur!

2

Entscheidungs-NEIN ☐

Informations-NEIN ☐

Berater: Sie können dieselben Resultate mit Recyclingpapier erzielen.
Kunde: Aber, aber! Da kann man ja gleich Löschpapier nehmen!
Berater: Sie sehen das falsch; mit den neuen Methoden...

3

Entscheidungs-NEIN ☐

Informations-NEIN ☐

Berater: Haben Sie diese Anlage gekauft?
Kunde: Nein, das ist ein Leasing-Vertrag.
Berater: Ah ja. Und Sie würden die Festplatte auch leasen wollen?

4

Entscheidungs-Nein ☐

Informations-Nein ☐

Journalist: Sie nennen das „liberal", wenn Sie Bürger, die Ihre Meinung
nicht teilen, in die Nähe des Terrorismus rücken?
Politiker: Nun, das müssen Sie schon mir überlassen!
Journalist: Eben das ist ja die Gefahr! Wenn wir es Leuten wie
Ihnen überlassen, unsere Demokratie zu schützen...

5

Entscheidungs-Nein ☐

Informations-Nein ☐

Verdächtiger (Im Krimi): Ich kann also jetzt gehen?
TV-Kommissar: Ich würde es Ihnen nicht raten, es gibt noch Fragen!
Verdächtiger: Ohne meinen Anwalt sage ich kein Wort mehr!

6

Entscheidungs-Nein ☐

Informations-Nein ☐

Berater: Sie sollten gleich 100 Pakete Kopierpapier auf einmal nehmen!
Kunde: Und meine chronische Platznot noch weiter verschärfen?
Berater: Aber ich bitte Sie, so viel Platz brauchen die auch nicht!

7

Entscheidungs-Nein ☐

Informations-Nein ☐

Politiker X (In der Fernsehdebatte): Das sage ich hier in aller Deutlichkeit:
Wir wollen immer mehr Frieden mit immer weniger Waffen.
Politiker Y: Das sagen Sie schon seit Jahren. Aber jetzt, wo Sie endlich einmal
eine Chance dazu haben, machen Sie mit Ihrer ewigen
Verzögerungstaktik und mit Ihrem Aussitzen...
Politiker X (Unterbricht aggressiv): Glauben Sie, daß Sie mit Ihrer Polemik
auch nur *einen* Zuschauer überzeugen werden?

8

Entscheidungs-Nein ☐

Informations-Nein ☐

Berater: Soll das N2 stationär angebracht werden?
Arzt: Nein, weil wir *fünf* Behandlungskabinen haben.
Berater: Und da wollen Sie es in allen einsetzen können?

9

Entscheidungs-Nein ☐

Informations-Nein ☐

Nachbarin (Strahlend): Also, was sagen Sie denn zu der Wahl gestern?
Nachbar (Entrüstet): Also hören Sie mal...!

10

Entscheidungs-Nein ☐

Informations-Nein ☐

Trainer: Haben Sie sich schon fürs Mittagessen eingetragen?
Teilnehmer: Nein.
Trainer: Wollen Sie essen?

So, jetzt haben Sie sicher ein Gefühl für das Entscheidungs-NEIN entwickelt, auch wenn das Wort „Nein" dabei gar nicht gesagt wurde!

Beobachtungsaufgabe Nr.1

Halten Sie beim Fernsehen einen kleinen Notizblock griffbereit und registrieren Sie jedes Entscheidungs-NEIN, das Ihnen auffällt. Das kann in einem Spielfilm sein oder in einem Interview, in einer Talk-Show (besonders bei Debatten usw.). Bitte beobachten Sie die Reaktion dessen, der durch das Nein "blockiert" wird (der also die Rolle des A einnimmt).

Jetzt registrieren Sie:
1. Was sagt A, nachdem B Nein sagte?
2. Wie sagt A das? (Tonfall, Mimik, Gestik)
3. Wie reagiert B auf A's Anteil am Gespräch? (Tonfall, Mimik, Gestik)

Im optimalen Falle machen Sie sich Notizen. Aber nach ein paar Tagen ist das nicht mehr nötig.

Beobachtungsaufgabe Nr. 2

Sie gehen genau wie bei Aufgabe Nr. 1 vor, nur daß Sie diesmal beim <u>Lesen</u> aufpassen! Wann immer Sie die Chance haben, ein <u>Interview</u> zu lesen, nehmen Sie diese wahr. (Im "Stern" oder "Spiegel" z.B. finden Sie in jeder Ausgabe mindestens eines.) Interessant kann es sein, <u>ältere</u> Zeitschriften zu durchstöbern, denn wenn eine Entwicklung, über die im Interview gesprochen wurde, inzwischen viel weiter gediehen ist, nimmt man die damaligen Argumente weit akuter wahr!

Nach einigen Tagen beginnen Sie mit der nächsten Übung. Und zwar ist *der* Zeitpunkt geeignet, an welchem Sie beim Fernsehen und beim Lesen merken, daß jedes Entscheidungs-NEIN sich Ihrer Aufmerksamkeit quasi aufdrängt, auch wenn Sie gerade nicht bewußt „üben" wollen. Wenn das eintritt, sind Sie „reif" für die letzte Wahrnehmungsübung.

Beobachtungsaufgabe Nr. 3

Wenn Sie die Übungen Nr. 1 und 2 wirklich durchführen, dann werden Sie bald merken, wie Sie selbst auf ein Entscheidungs-Nein reagieren. Nun beobachten Sie sich bitte selbst:
Neigen Sie zu Kampfmanövern? Z. B. durch Argumentieren mit Nach-<u>Druck</u>, Rechthaberei, Besserwisserei (meist nach dem Motto: Es geht ja nur um die Sache!)
Neigen Sie zu Fluchtmanövern? Z.B. durch rasches Zustimmen oder Nachgeben (auch wenn Sie innerlich anderer Meinung sind), durch Abbrechen des Gespräches usw.
Oder gehen Sie mit Fragen vor? Versuchen Sie z.B. herauszufinden
- was der Mensch denkt (will),
- warum er so denken (handeln, sein) will,
- was vielleicht sogar für seine Position sprechen könnte.

Nach dem Motto[7]:
Kühner als das Unbekannte zu erforschen,
kann es sein, das Bekannte zu bezweifeln.

Übungskategorie 2:
Erste Übungen im „Trockendock"

Jetzt gilt es, Ihr eigenes Verhalten zu verändern, falls Sie bei der Übung Nr. 3 eine starke Neigung zu Kampf- oder Fluchtmanövern feststellen mußten. Denn Sie glauben doch wohl kaum, daß jemand mit einer solchen Neigung diese nicht auch beim Kunden auslebt. Etwas verhaltener als im Privatleben, sicher, aber trotzdem... Wie schon mehrmals erwähnt, hat dies mit den Vorbildern zu tun, nach denen man sich auch unbewußt gerichtet hatte; es geht hier nicht um irgendeine „Schuldzuweisung".

Sollten Sie jedoch feststellen, daß Sie außergewöhnlich reagieren, nämlich durch Nachfragen, Interesse am Standpunkt des anderen usw., dann klopfen Sie sich auf die Schulter! Natürlich können Sie die folgenden Übungen auslassen. Ich gratuliere Ihnen, Sie sind eindeutig ab-normal (im positiven Sinne natürlich!).

Bei den folgenden Übungen geht es darum, möglichst viele Argumente des anderen kennenzulernen, und zwar möglichst *ehe* Sie Ihr eigenes „Argumentenköfferchen" öffnen.

Aufgabe Nr. 4

Zu dieser Übung sollten Sie mindestens einen Partner haben, der bereit ist, "ein Spiel" zu spielen. Sie brauchen nicht im Detail erläutern, worum es Ihnen geht. Im Prinzip ist dies ein Spiel, bei dem Überzeugungskraft geübt wird. Sie können auch sagen, es handle sich um ein Motivations-Spiel.

Aufgabenstellung:
A soll einen anderen (B) dazu bringen, ihm einen Gefallen zu erweisen (öffne doch bitte das Fenster. Leih mir dein Auto[8]). Wenn Sie dieses Spiel in einer kleinen Gruppe vorschlagen, dann haben Sie mehrere Möglichkeiten zu beobachten, wie die meisten Teilnehmer agieren werden. Nämlich mit

<u>direktem Kampf</u> = Druck: Ausruf (Du Depp![9]), Unterbrechen, Niederschreien...(Merke: zuviel Nach-Druck kann bedrücken!)
<u>indirektem Kampf</u> = Sozialer/moralischer Druck (Ich habe dir doch neulich auch geholfen! Alle warten jetzt auf dich!)
<u>Flucht</u> (sofortiges Aufgeben: Na ja, dann mache ich es halt selbst.)

---

[7] Worte eines gewissen Kaspar, der bei Watzlawick einmal zitiert wurde.
[8] Bei Gruppen, die Spaß verstehen, wird dann auch mal „Leih mir deinen Partner" u.ä. daraus; dieses Spiel kann mit einer „Riesengaudi" einhergehen und doch ausgesprochen lehrreich für denjenigen sein, der gerade sein Stufe 3-Training durchläuft; unabhängig davon, ob die Mitspieler dies wissen.
[9] Je nach dem Grad der Vertrautheit werden Angriffe mehr oder weniger offen formuliert.

Merke: Da wir hier Verhalten üben wollen, das wir im Zweifelsfall auch beim Kunden einsetzen können, sind solche Verhaltensmuster alles andere als optimal. Aber nicht nur Kampfmanöver sind gefährlich! Auch Fluchtverhalten ist alles andere als optimal. Oder wie fänden Sie denn den Autoverkäufer, der zum kaufunwilligen Kunden folgendes sagt?

Dann nehme ich den Wagen selber.

Aufgabe Nr. 5

Wählen sie eine Person, die zu einem bestimmten Thema eine andere Meinung vertritt als Sie. Üben Sie jetzt eine niederlagenlose Diskussion. Dabei trainieren Sie so oft wie möglich folgende Kommunikationsfertigkeiten:
<u>Fragen stellen</u>,
<u>konzentriert auf die Antwort lauschen</u>,
<u>rückkoppeln</u> (Wenn ich Sie richtig verstanden habe, meinen Sie...?), um zu beweisen, daß Sie wirklich zuhören und sich das Gesagte auch merken.

Die letzte Aufgabe dieser Kategorie ist eine Basisübung in Toleranz. Tolerare heißt *ertragen, erleiden, erdulden*; Toleranz kostet Kraft! Auf der anderen Seite kann man sich bis zu einem gewissen Grad darin trainieren, Menschen, die anders aussehen, anders sind, anders denken, handeln, wünschen, sprechen usw. offener gegenüberzutreten: Wenn man nicht mehr davon ausgeht, man selbst sei das Maß aller Dinge, und es gäbe nur *einen* richtigen Weg, nämlich den eigenen. Da der Kunde oft in dem einen oder anderen Aspekt von unseren Idealen abweicht, ist die Toleranz-Übung beruflich wichtig. Aber selbstverständlich könnte sie auch privat etwas "bringen".

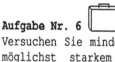

Aufgabe Nr. 6

Versuchen Sie mindestens eine Person kennenzulernen, die in möglichst starkem Maße abweicht von dem, was Sie für "normal" oder "ideal" halten. Wenn Sie also politisch eher "schwarz" denken, dann könnte dies ein "grün" ausgerichteter Mitmensch sein (oder umgekehrt). Sind Sie ein superordentlicher Mensch, der seine Zeit bis zur letzten Minute hin verplant, dann versuchen Sie einmal zu erfahren, wie Leute, die "ganz anders gelagert sind" als Sie, leben, empfinden, denken, handeln. Natürlich ist dies keine Übung für "mal zehn Minuten". Aber das haben Sie ja bereits erkannt.

Falls Sie sich nicht dazu durchringen können, die Aufgabe Nr. 6 zu bewältigen, wiewohl Sie „theoretisch" zustimmen, daß sie Ihnen sicher „gut tun" würde, dann gibt es eine „leichtere Variation": Lesen Sie Autoren, die von einem Ihnen fremden Weltbild ausgehen, z.B. im Bereich der Esoterik oder der fernöstlichen Philosophie usw.[10]

---

10 Vgl. im Literaturverzeichnis die Autoren Capra, Ferguson, Gerken, Watson und Watzlawick

Übungskategorie 3:
Praxis-Test

Die letzten Aufgaben sind ähnlich wie die vorige eher Lebens- als Übungsaufgaben. Sie sollen mehr eine Anregung als eine detaillierte Anweisung darstellen. Fühlen Sie sich frei zu variieren.

Aufgabe Nr. 7
Wählen Sie ein Thema, zu dem Sie eine "feste" Meinung haben. Zwingen Sie sich, in den nächsten Tagen/Wochen mindestens fünf Gegenmeinungen bewußt zur Kenntnis zu nehmen. Dies kann z.B. ein politischer Kommentar in den Medien sein oder aber ein Artikel in einer Zeitung/Zeitschrift der "Gegenpartei", den Sie normalerweise eben nicht gerne hören oder lesen würden. Zwingen Sie sich, die Gründe für Aussagen, die Ihnen nicht gefallen, zu registrieren! Je schwerer Ihnen die Aufgabe fällt, desto wichtiger ist sie für Ihre eigene Entwicklung.

Aufgabe Nr. 8
Beginnen Sie in Ihrem Privatleben nach der folgenden Regel zu leben: Genauso wie ein Pfadfinder eine gute Tat pro Tag ausführen soll, so werden Sie einmal am Tag fünf Minuten[11] für ein Gespräch opfern, in dem Sie einer Person so viele Fragen wie nur irgend möglich stellen. Ihr Partner wird sich genauso über Ihr Interesse freuen wie ein Nachbar oder ein Kind. Je schwerer Ihnen diese Aufgabe fällt, desto wichtiger wäre sie für Ihre eigene Entwicklung. Denn wie Sie in den Wald hineinrufen, so schallt es nun einmal zurück!

Aufgabe Nr. 9
Diese Aufgabe ist identisch mit der letzten, nur mit einem Unterschied: Sie verlagern Ihr Training jetzt in das Kundengespräch. Versuchen Sie mindestens einmal pro Tag (vor allem mit Kunden, die Ihnen nicht sehr sympathisch sind) einige Minuten lang nur Fragen zu stellen, insbesondere, wenn ein Entscheidungs-NEIN Ihren Erfolg zu gefährden scheint!

---

[11] Je länger Ihnen diese wenigen fünf Minuten erscheinen, desto wichtiger wäre es für Sie, diese Aufgabe täglich auszuführen.

Weitere Rätsel-Geschichten

Ursprünglich gab es nur wenige weitere Rätsel-Geschichten (vgl. Teil 1A). Aber da sehr viele Leser um mehr "Munition" zum Raten gebeten haben, wurde das Buch (ab der 3. Auflage) erweitert. Es waren nämlich vor allem diejenigen Leser, die durch aktives Rätselraten sehr bald gemerkt haben, wie sehr diese Art, das Gehirn zu trainieren, für den Alltag "fit" macht.

- Rätselfreunde hören besser zu.
- Sie merken sich mehr, weil bewußtes Zuhören automatisch mehr Merk-Wert impliziert, insbesondere, wenn man sich das Gehörte bildlich vorstellt (vgl. auch mein mvg-Taschenbuch *Stroh im Kopf? - Gebrauchsanleitung fürs Gehirn*).
- Sie lernen, unzulässige Schlußfolgerungen (wie: John und Mary sind *Menschen*) zu vermeiden, weil sie die Mechanismen solcher Fehlschlüsse erkennen lernen. Einer dieser Mechanismen ist zum Beispiel das ungenügende Rückkoppeln, wie das Rätsel Nr. 10 (ab Seite 88) überdeutlich aufzeigt!

Was viele Leser ebenfalls inzwischen festgestellt haben, ist die Tatsache, daß der Spielleiter am meisten lernt: Wenn Sie dasselbe Rätsel mehrmals raten lassen (es genügt auch jeweils nur ein Ratepartner), dann lernen *Sie* am meisten. Erstens, weil Sie ein gutes Gespür für "falsche Fragen" (von der Logik her) entwickeln, und zweitens, weil Sie als Antwortender ja noch exakter denken müssen als die Fragesteller (wie in Teil 1A bereits erwähnt)!

Nun war ich immer wieder gebeten worden, mehr Rätsel bekannt zu geben, aber ich hatte zunächst Zweifel, weil ich wußte, daß derjenige ein Rätsel am besten als Spielleiter steuern kann, der es ursprünglich selbst geraten hatte. Die Erfahrungen der ersten

71

beiden Auflagen dieses Buches haben jedoch gezeigt, daß motivierte Leser durchaus in der Lage sind, ein Rätsel, dessen Lösung sie als Spielleiter sofort kennenlernen, gut zu präsentieren. Außerdem meinte einer meiner Leser, mit dem ich telefonierte: "Je mehr Rätsel Sie uns anbieten, desto besser ist die Chance jedes Lesers, daß man die Rolle des Spielleiters abwechselnd einnimmt, weil ja dann der Besitzer des Buches mehrere Rätsel erlebt, bei denen er zunächst mitraten darf, ehe er sie später mit anderen Menschen wieder und wieder raten lassen kann!" - Gut, die "alten" Leser haben mich überzeugt, daher gibt es jetzt dieses neue Kapitel, das Sie eben lesen...

Während sich die wenigen Zusatz-Rätsel ursprünglich direkt im Anhang befanden, sind die zehn Zusatz-Rätsel nun ans Ende des ersten Teils gerückt. Mit den drei ersten Stories (in Teil 1A) können Sie später dreizehn solcher Rätsel einsetzen. Da oft ein Anwesender auch eine Geschichte kennt, wächst Ihre Sammlung ständig weiter...

Im übrigen hat sich herausgestellt, daß sich bei *ständig wechselnden Spielleitern* ein Problem ergeben hat: Wenn Michael (in seiner Rolle als Spielleiter) nach der Lösung für "sein" Rätsel gesucht hat, dann sah er leider "aus dem Augenwinkel" (beim Blättern nach der richtigen Textstelle) auch Teile von Lösungen anderer Rätsel (die früher ganz hinten im Anhang der Reihe nach aufgelistet waren). Dies ist jedoch ungünstig, wenn Michael beim nachfolgenden Rätsel selber wieder mitraten möchte. Deshalb wurde die Art, wie Rätsel und Lösung dargestellt werden, jetzt umgestellt. Ich mache Ihnen folgenden Vorschlag:

1. **Präparieren Sie pro Rätsel einen leeren Briefumschlag**, auf den Sie den Titel des Rätsels schreiben, zum Beispiel: *Rätsel Nr. 2 - Der Tote im Zug*

2. Lassen Sie jemanden, der später *nicht* raten wird, **die betreffenden Seiten** mit der Problemstellung, der *Lösung* und den *Kommentaren für den Spielleiter* **fotokopieren** (dies könnte zum Beispiel der Mitarbeiter eines Fotokopier-Shops sein).

3. Bitten Sie diese Person, Ihnen die Informationen für jedes Rätsel **in das jeweilige Kuvert** zu stecken. Der Einfachheit halber beginnt jedes Rätsel immer auf einer neuen Seite (damit keine Kopien zerschnitten werden müssen).

4. Jetzt bekommt der jeweilige Spielleiter für "sein" Rätsel den dazugehörenden Umschlag. Er liest "seine" Information (d.h. das Rätsel, die Kommentare für den Spielleiter, die Lösung) und **präsentiert danach** "sein" Rätsel.

Übrigens: Im Optimalfall sollten Sie beim Raten einige Nachschlagewerke griffbereit halten. Es kann nämlich zu erbitterten Diskussionen führen, wenn man *nicht* nachschauen kann, ob Cleopatra älter oder jünger als Cäsar war, oder ob das 18. Jahrhundert noch "spätes Mittelalter" ist, und dergleichen mehr. Sie sehen also: Das Training kann auch für die Allgemeinbildung förderlich sein!

Am besten lesen Sie vor dem ersten Spielen allen (neuen) Mitspielern diejenigen Informationen auf den nächsten beiden Seiten **laut** vor, die Sie für richtig halten. Zum Beispiel:

- Wenn es sich um Mitspieler handelt, die (wie Sie selbst) Ihre Fragetechnik verbessern wollen, um später besser verkaufen/verhandeln zu können, dann lesen Sie ihnen den *ganzen* Text vor.

- Spielen Sie hingegen mit Freunden nach dem Motto "Spaß an der Freud", dann lesen Sie nur diejenigen Sätze, die sich *allgemein* auf das Raten beziehen.

Sie entscheiden also (je nach Situation). Nach dem Vorlesen ermitteln Sie (durch Diskussion oder durch Los), wer jetzt der/die Spielleiter/in für die erste Rätsel-Runde sein soll; und dann kann es losgehen.

Vorbemerkungen für alle Mitspieler

1. Jedes Rätsel wird durch *Kommentare für den Spielleiter* "angereichert". So gibt es beim Rätsel Nr. 2 eine *Zusatz-Information*, die der Spielleiter der Gruppe vorab geben *kann*, aber nicht geben muß. Außerdem finden Sie im Anschluß an die Lösung häufig Hinweise für typische *Denkrillen* und *Ratefehler* bei diesem Rätsel (Erfahrungswerte). Falls die Gruppe sich "verrennt", könnte man diese Hinweise nutzen, um der Gruppe einen Tip zu geben.

2. Daher lese der Spielleiter bitte vorab sowohl das Rätsel als auch diese Bemerkungen plus Lösung *vorab*, aber *leise*. Dann erst trifft er die Entscheidung, wie er dieses Rätsel präsentieren möchte.

3. Der Spielleiter muß, weil er ja antwortet, noch exakter denken als die Fragesteller! Er muß Wischi-waschi-Fragen zurückweisen, zum Beispiel: "War der Mann alt?" (Für einen Siebzigjährigen ist ein Fünfzigjähriger "jung", für einen Teenager ist jedoch jemand mit dreißig schon "alt"! Exakte Fragen bringen exakte Antworten, zum Beispiel: "War der Mann älter als 60 Jahre alt?"

4. Falls der Spielleiter die Antwort auf eine Frage nicht weiß, so antwortet er mit "Ich weiß es nicht." Solche Fragen kann man aufschreiben, um hinterher, wenn die Lösung der Geschichte allen bekannt ist, noch einmal darauf zurückzukommen. Oft weiß ein Mitspieler, wie man die Frage in Zukunft beantworten kann...

5. Wenn Sie mit Gruppen raten, weiß einer der Anwesenden auch eine Story. Damit ist er automatisch der Spielleiter, und Sie lernen eine neue Geschichte kennen, **aber...** (vgl. nächster Punkt)

6. Vorsicht ist geboten, wenn ein Spieler eine derjenigen Stories kennt, die Sie bereits kennengelernt haben. Denn es gibt immer *einige* leicht abgewandelte Versionen einer Geschichte. Bestehen Sie dann bitte keinesfalls darauf, Ihre Version sei besser! **Deshalb gilt...** (vgl. nächster Punkt)

7. Es antwortet immer nur **einer**, wenn mehr als eine Person diese Story kennen. Solange **dieser eine** konsequent an seiner Version "kleben" bleibt, gibt es keine Probleme für die Gruppe. Antworten aber mehrere Personen (und streiten dann auch noch wegen ihrer abweichenden Meinungen), dann ist dieses Rätsel für die anderen Spieler de facto unlösbar geworden...

8. Falls Sie diesen Rätsel-Runden das Optimum an Nutzen entnehmen wollen, könnten Sie (mit Erlaubnis der Mitspieler) auf Band mitschneiden. Späteres Durchdenken der Fragen kann viele wertvolle Einsichten bringen. So stellen Sie zum Beispiel fest, wer in Ihrer Runde zu welchem Vorgehen neigt. Nur zwei Beispiele:

a) Sie merken jetzt zum Beispiel, daß Hans oft zu **negativen Formulierungen** neigt, zum Beispiel: Also lebt er nicht mehr? (statt: *Also ist er schon tot?*) Merke: Solche Fragen müssen, wenn wir logisch sauber arbeiten wollen, wie folgt beantwortet werden: JA (wenn die Person, nach der gefragt wird, tatsächlich *nicht* mehr lebt) und NEIN, wenn diese Person doch noch lebt! Beim Abhören des Tonband-Protokolls wird man ebenfalls feststellen, daß die meisten Spielleiter diese Art der Negativ-Frage "falsch herum" beantworten...

b) Sie stellen fest, wie viele Menschen zu **Möglichkeitsformen** neigen, wenn Sie jedoch genaugenommen von etwas sprechen, was mit "Möglichkeit" nichts zu tun hat. Angefangen von Redewendungen wie "ich würde sagen/meinen..." bis hin zu Fragen wie: "Kann es sein, daß der Mann ermordet wurde?" - Hier meint der Sprecher jedoch zumeist: "Ist der Mann ermordet worden?" Deshalb beantwortet Frau Birkenbihl im Seminar alle **Kann-Fragen** immer mit JA, fügt aber sogleich hinzu: "**Alles kann sein!**" Auf diese Weise merken die Spieler sehr schnell, was passiert! Nun kann der Fragesteller seine Frage präzisieren; zum Beispiel: "War es ein Mord?", worauf er jetzt ein JA oder NEIN erhält, je nach der Lösung dieses Rätsels.

Sie merken, was das Rätselraten bringen kann:

- **Exaktheit** (Wischi-waschi-Fragen)
- **Sprachgefühl** (unsaubere Formulierungen)
- **Denk-Vermögen** (unsaubere "logische" Schlußfolgerungen)

Außerdem üben Sie sich ganz nebenbei im Zuhören, im Merken des Gehörten und im "Einsortieren" neuer Daten/Fakten in Ihr bestehendes "Bild" der Situation. Also Fähigkeiten, die für professionelles Verhandeln/Verkaufen notwendig sind. Und Sie werden merken, wie Ihre Fähigkeit zu fragen von Rätsel zu Rätsel besser wird.

Nun soll ich Ihnen, im Namen der Autorin, recht viel Spaß und Erfolg wünschen!

1. Der nackte Mann im Schnee

Es liegt ein nackter Mann tot im Schnee, in seiner rechten Hand befindet sich ein abgebranntes Streichholz.

Frage: **Warum hat er Selbstmord begangen?**

Lösung: Es war ein Ballonfahrer, der sich geopfert hatte, nachdem die vierköpfige Besatzung verzweifelt allen Ballast (inklusive Kleidung) abgeworfen hatte, ohne der Gefahr, an den nahenden Bergen zu zerschellen, zu entgehen. Daraufhin entscheiden sie, daß *einer* sich opfern müsse; nämlich derjenige, der das abgebrannte Streichholz zieht.

Typische Denkrillen bei diesem Rätsel:
● Keine

Bemerkung an den Spielleiter:
● Dies ist ein leichtes Rätsel, also gut geeignet a) zum *Auftakt* einer Rätselrunde oder b) für Gruppen, die erst mit dem Raten *beginnen*.

2. Der Tote im Zug

Ein schwerhöriger Mann fuhr von A nach B. Dort hielt er
sich drei Wochen lang auf. Nach Ablauf dieser Zeitspanne
wollte er zurückreisen. Das Wetter war herrlich, also spa-
zierte er langsam zum Bahnhof in B. Dort löste er eine
Fahrkarte nach A. Dann schlenderte er zum Bahnsteig, wo
sein Zug auch schon stand. Nun entdeckte er, daß einer der
Waggons die Wagen-Nummer 20 trug; dies war seine Lieblings-
zahl, in diesen Wagen stieg er ein. Der Zug fuhr plangemäß
ab. Beim Meilenstein 62 war unser Mann tot.

Frage: **Warum ist er dort gestorben?**

Vorbemerkung an den Spielleiter:
1. A und B sind Städte, verlagern Sie das Rätsel ruhig in Ihre Gegend, wobei B eine
   Großstadt sein sollte, während A einen kleineren Ort darstellt.
2. Falls die Gruppe noch ungeübt ist, könnten Sie folgende Zusatzinformationen anbieten.

Zusatzinformation:
> Der Mann starb an einem Herzinfarkt infolge eines Schocks. Dieser Schock
> entstand wegen einer unzulässigen Schlußfolgerung seinerseits, *so daß er auf-
> grund eines Denkfehlers vor Schreck starb.* Hätte er dieses Frage- und Denk-
> Training vorher durchlaufen, dann wäre er natürlich nicht gestorben. Nun
> lautet die Frage:
>
> ● **Was löste diesen Denkfehler aus?** Oder, anders gefragt:
> ● **Welche unzulängliche Schlußfolgerung hat er gezogen?**

Lösung: Der Mann war vor drei Jahren durch einen Verkehrsunfall blind geworden.
Jetzt wurde er in der Stadt B operiert und erhielt sein Augenlicht wieder.
Beim Kilometerstein 62 befand sich der Zug in einem Tunnel. Da unser Mann
schwerhörig war, konnte er das akustisch nicht wahrnehmen (denn ein Zug im
Tunnel "klingt" ja anders als einer auf freier Strecke). Normalerweise hätte er
es zwar gesehen, aber da das elektrische System im Wagen Nr. 22 defekt war,
war das Licht nicht automatisch angegangen. Also war es plötzlich stockdun-
kel (da er zuvor gelesen hatte, hatte er auch zuvor nicht sehen können, daß er
in einen Tunnel einfuhr).
Nun meinte er fälschlicherweise, er sei wieder blind geworden! Diese unzulässige Schlußfolgerung löste seinen Herztod (durch Erschrecken) aus!

Typische Denkrillen bei diesem Rätsel:

● Die Spieler überhören (oder vergessen!) in der Regel den Hinweis auf Schwerhörigkeit (im ersten Satz).

● Die Spieler vergessen in der Regel auch, daß unser Mann sich drei Wochen lang in B aufgehalten hat. Solange sie nicht herausbekommen, warum er dort war, fehlt ein wesentlicher Bestandteil der Lösung.

● Wenn die Spieler etabliert haben, daß der Mann nicht "krank" gewesen war (Achtung: Blindheit ist keine "Krankheit"), dann wird es schwierig, trotzdem darauf zu kommen, daß ein Krankenhaus und eine Operation im Spiel sind...

3. Der eifersüchtige Texaner

Ein äußerst eifersüchtiger Texaner lebte mit seiner Frau in einem Haus, 33 Meilen von Amarillo, Texas, entfernt. Er hatte ihr seit Jahren unzählige Male gedroht: "Sollte ich dich jemals mit einem Mann im Bett erwischen, dann werde ich euch beide erschießen!"

Jeden Morgen fuhr er mit dem Auto nach Amarillo in die Arbeit, während seine Frau im Haus blieb (wenn sie nicht gerade einkaufen oder jemanden besuchen ging). Abends kam er nach Hause, immer ungefähr um dieselbe Zeit.

An jenem Tag, an dem die Tragödie sich ereignete, fuhr der Texaner los wie sonst auch. Aber beim Meilenstein Nr. 62 wußte er plötzlich mit absoluter Sicherheit, daß sich ein Mann in seinem Haus befand. Er wendete seinen Wagen verkehrswidrig (trotz durchgezogener Mittellinie), raste nach Hause und stürzte ins Haus. Und tatsächlich: Es befand sich ein Mann im Bette seiner Frau. Da erschoß er sie beide.

Frage: Woher konnte der Texaner das gewußt haben?

Bemerkungen an den Spielleiter:
1. Dieses Spiel löst immer dieselben Denk-Rinnen aus. Falls Sie es öfter spielen wollen, notieren Sie die Fehler, die regelmäßig auftreten, und vergleichen Sie diese dann mit der Aufstellung am *Ende* dieses Abschnittes.
2. Bitte lesen Sie die understrichene Passage etwas schneller und lebhaft! Dadurch erhöhen Sie die Chance für die Denkrillen und damit den Aha-Effekt, den dieses Rätsel bieten kann.

Lösung: Der Texaner hatte (wie jeden Tag) bei der Autofahrt Radio gehört; dieselbe Sendung wie jeden Tag. Dabei handelte es sich um eine Werbesendung, bei der man Riesensummen Geld gewinnen kann, wenn die Person, die angerufen wird, eine Frage beantworten kann. Und da der Moderator im Radio laufend reden muß, sagt er die Telefonnummer, die er gerade wählt, *laut* und deutlich an.

Heute nun wählte der Moderator die Nummer unseres Texaners, der seine eigene Telefon-Nummer natürlich sofort erkannte. Aber statt seiner Frau antwortete eine Männerstimme.

Daraufhin wußte er zwar, daß sich ein Mann in seinem Haus befand; nicht aber, daß dieser Mann sich im Bett seiner Frau befinden muß (vgl. die Denkrillen-Kommentare zu diesem Rätsel). So schnell wie möglich fuhr er nach Hause - den Rest kennen Sie. Und die Moral von der Geschichte: Gehst du zur Freundin, lieber Mann, nimm nie 'nen Telefonruf an!

Typische Denkrillen bei diesem Rätsel:

1. Viele Menschen sind verwirrt, weil auf dem **Meilenstein** die Nr. 62 steht, während der Weg zur Arbeit doch 33 Meilen beträgt. Merke: Die Zahl auf dem Meilenstein ist *absolut* unabhängig davon, wieviele Meilen Sie *relativ* zum Stein fahren! Wer sagt denn, ob das Haus des Texaners nicht am Meilenstein Nr. 44 steht?

2. Es taucht regelmäßig die Vermutung auf, der Texaner habe normalerweise täglich jemanden dort (am Meilenstein Nr. 62) stehen sehen, **der aber heute nicht dort ist**. Selbst wenn dies der Fall wäre, ist die Schlußfolgerung der Teilnehmer *unzulässig* und unlogisch, denn diese Person könnte ja heute mit Durchfall zu Hause leiden. Allein die *Abwesenheit* am Meilenstein-Treffpunkt hat überhaupt keinen Aussagewert über die *Anwesenheit* woanders (im Haus des Texaners!).

3. Viele Teilnehmer ergänzen wieder falsch (vgl. das Rätsel *John und Mary*). Sie meinen, der Spielleiter habe behauptet: "Beim Meilenstein Nr. 62 weiß der Texaner, daß sich ein Mann in seinem **Schlafzimmer** (beziehungsweise **Bett**) befindet." Sie als Spielleiter, der Sie den Text ja abgelesen haben, haben dies natürlich nie behauptet. Bitte lesen Sie im Zweifelsfall der Gruppe den Text von oben noch einmal laut und deutlich vor (oder vergleichen Sie die Szene vom Band, wenn Sie auf Kassette mitgeschnitten haben)!

4. Wenn die Teilnehmer herausfinden, daß es eine **akustische Information** war, die den Texaner zu seiner Schlußfolgerung veranlaßte, dann stellen Sie viele Fragen bezüglich Mikrophon im Schlafzimmer (vgl. auch den vorherigen Denkfehler, Punkt 3).

5. Wenn die Teilnehmer letztendlich auf das **Radio** kommen, meinen sie unbedingt, es müsse eine *nachrichten-artige* Sendung gewesen sein. Denn die "Information" aus dem Radio war ja nur die *Stimme* des Liebhabers, der "hallo" sagte; dies aber ist nur durch gutes, systematisches Fragen zu etablieren, so daß gerade **diese letzte Feinheit** eine Art von Qualitätskontrolle der Ratenden darstellt. Oder Sie "schenken" der Gruppe diese Feinheit, wenn diese Mitspieler noch weniger Geübte sind.

4. Die Pistolenkugel

Es befinden sich drei Männer in einem Raum; wollen wir sie einfach A, B und C nennen. Plötzlich kommt eine Pistolenkugel durch das geöffnete Fenster geflogen und trifft den A tödlich, woraufhin dieser auch sofort stirbt. Nun wendet sich B an C und sagt: "Innerhalb von zwanzig Minuten wirst auch Du sterben."

Fragen: 1. Wer war B?
2. Wie ist C gestorben?

Lösung: A und C waren siamesische Zwillinge, B war der Arzt, der die beiden immer betreut hat. Die drei Männer hielten sich in einem Hotelzimmer in Beirut auf, als ein Querschläger durchs Fenster kam.

Typische Denkrille bei diesem Rätsel:
Wir sind gewohnt, A und B zu verbinden oder B und C. In diesem Fall aber besteht die Verbindung zwischen A und C. Daher dürfen Sie den Männern keine echten Namen geben, sonst wird das Rätsel sehr leicht (außer Sie spielen mit Einsteigern und *wollen* das Rätsel leichter machen).

5. Der Tote im Kornfeld

Vorbemerkung:
Dieses Rätsel sollte keinesfalls am selben Tag/Abend wie das Rätsel Nr. 1 (Der nackte Mann im Schnee) gespielt werden, sonst wird es zu leicht. Oder, umgekehrt: Wenn Sie mit Menschen spielen, die noch relativ untrainiert sind, dann kann gerade diese Zusammenstellung hier schnell ein Erfolgserlebnis bringen, da die beiden Rätsel sich ein wenig ähneln.

Es liegt ein Mann in einem Kornfeld. Er ist tot. Aber: Wenn er das Paket, das er bei sich hatte, hätte öffnen können, wäre er nicht gestorben.

Frage: Was war in dem Paket?

Lösung: Der Mann war Fallschirmspringer; die Reißleine hatte sich verfangen, so daß er das "Paket" auf seinem Rücken nicht öffnen konnte.

Typische Denkrille bei diesem Rätsel:
Die Spieler halten sich oft "ewig" mit dem Inhalt des Pakets auf (Medikamente, Nahrung und dergleichen).

6. Südafrikanische Bar

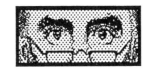

Vorbemerkung an den Spielleiter:
Dieses Spiel sollte nach einigen Rätseln mit Leichen folgen, weil damit die Denk-Rille Tod/Gewalt/Bedrohung vorprogrammiert ist. Nur systematisches Fragen hilft dann, diese *Vorurteile* zu überwinden.

Ein Mann stürzt in eine Bar in Südafrika. Er verlangt ein Glas Wasser, aber der Barkeeper zückt seine allzeit bereit-liegende Pistole, entsichert diese und bedroht den Gast da-mit. Nach 22 Sekunden sagt der Gast erleichtert und erfreut "Danke vielmals", und er verläßt die Bar.

Frage: Was ist in den 22 Sekunden genau passiert?

Zusatz-Hinweis:
Dieses Rätsel ist typisch für angelsächsische Lebensart und Humor. Außerdem weiß in angelsächsischen Ländern jedes Kind, wie dem Gast zu helfen wäre. Bei uns wissen dies meist nur Erste Hilfe-Personal, Krankenpfleger, Ärzte...

Lösung: Der Gast hatte Schluckauf! Eigentlich wollte er mit einem Glas Wasser (in kleinen Schlucken trinken, Luft anhalten und ähnliche bekannte Ratschläge) sein Problem lösen. Der Barkeeper wußte aber, daß man einen Schluckauf am schnellsten los wird, wenn man erschreckt wird. Also erschreckt er den Gast (sein Motiv war Hilfsbereitschaft).
Nach etwa 14 Sekunden war der Schluckauf weg. Der Barkeeper läßt die Pi-stole sinken und grinst. Nach einigen weiteren Sekunden ist auch dem Gast klar, was passiert war.
Danach bedankt er sich erfreut und verläßt die Bar.

Typische Denkrillen bei diesem Rätsel:
Wenn dieses Rätsel nach "Kriminalgeschichten" auftaucht, wird auch in diese "Richtung" gedacht! (Vgl. Vorbemerkung oben)

7. Der Zeitungsleser

Im Hyde Park von London saß ein Mann auf einer Parkbank und las in der Zeitung vom Tod einer Britin namens Murgatoyd, die beim Schilaufen in St. Moritz tödlich verunglückt war. Sofort vermutete der Leser, daß sie auf raffinierte Weise umgebracht worden war. Er ging zur Polizei, die zunächst sehr erstaunt war, dann aber doch erneute Ermittlungen veranlaßte. Es stellte sich alsbald heraus, daß unser Leser tatsächlich recht hatte.

Frage: **Wie kam der Leser zu dieser Vermutung?**

Lösung: Mr. und Mrs. Murgatoyd wohnten in London. Mr. Murgatoyd hatte die Reise nach St. Moritz bei unserem Leser, der ein kleines Reisebüro besaß, gebucht. Er hatte Hin- und Rückflug für sich gebucht; für seine Frau jedoch nur den Hinflug. Dies begründete er damals mit der beiläufigen Bemerkung, seine Frau wolle mit dem Zug noch zu ihrer Schwester in St. Gallen fahren, ehe sie später heimkehren würde. Da unser Leser bereits zwei Hin- und Rückflüge auf seinem Formular angekreuzt hatte und dies jetzt ausbessern mußte, blieb ihm der Vorgang in Verbindung mit dem ungewöhnlichen Namen im Gedächtnis haften. Und als er in der Zeitung über den tödlichen Unfall der Frau M. las, fiel es ihm wieder ein... Und die Moral von der Geschicht: Beim Morden sei so geizig nicht!

Denkrillen bei diesem Rätsel:

- Auf die Frage, ob der Leser die Murgatoyds *kannte*, muß man mit *Apfelkuchen* antworten, da der Leser ja nur Herrn Murgatoyd gekannt hatte. Ein ungeübtes Rateteam neigt dazu, die Apfelkuchen-Antworten zu "vergessen", und geht dem Sachverhalt nicht weiter nach. Daher meinen viele Spieler später, sie hätten bereits etabliert, daß der Leser keinen der Murgatoyds persönlich gekannt hatte (beziehungsweise daß er beide kannte). Diese Denkrille macht eine Lösung unmöglich. Wenn dies passiert, könnten Sie die Ratenden daran *erinnern*, daß der Punkt nicht sauber abgeklärt worden war.
- Oft meinen die Mitspieler, das Rätsel über das Motiv des Ehemanns (also des Herrn Murgatoyd) lösen zu können. Über das Motiv ist uns jedoch nichts bekannt. Falls diese Denkrille zu ausgeprägt wird, helfen Sie der Gruppe, indem Sie deutlich sagen: *Wir wissen nicht warum, nur daß Herr M. seine Frau umgebracht hat. Und Sie sollen bitte herausfinden, wie der Leser im Hyde Park zu seiner Vermutung gekommen war.*

8. Der Flugzeugabsturz

Am Freitag dem 13. warnt eine Terrordrohung per anonymen Telefonanruf vor einer Bombe im Privatflugzeug einer Schweizer Pharmafirma. Trotzdem bestehen die leitenden Herren dieser Firma darauf, daß sie sofort fliegen müssen; aber sie weichen auf einen Firmenhelikopter aus, damit das Flugzeug minutiös untersucht werden kann.
Kurz darauf starten zwei Flugzeuge direkt nacheinander: Erstens eine große Linienmaschine, die um 10:30 Uhr von der Rollbahn abhebt, und zweitens ein Privatflieger, der genau drei Minuten später Starterlaubnis erhält. Zunächst haben beide auch den selben Weg und fliegen in die selbe Richtung, allerdings fliegt das große Flugzeug natürlich schneller und höher.
Um 10:41 Uhr stürzt die Privatmaschine ab. Der Pilot und zwei der Passagiere sind tot, während der dritte Topmanager schwerverletzt überlebt.

Frage: Wo liegt die Ursache des Absturzes?

Lösung: Der Pilot erlitt einen Herzinfarkt, und da kleine Maschinen keinen Ko-Piloten haben, mußte das Flugzeug abstürzen.

Denkrille bei diesem Rätsel:
Manche Spieler merken zunächst gar nicht, daß der Helikopter der Pharmafirma nicht betroffen ist (er hat mit der ganzen Story genaugenommen nichts zu tun), denn das Privatflugzeug, von dem die Rede ist, ist natürlich ein anderes...

9. Das Sägemehl

Achtung:
Diese Aufgabe besteht aus einem einzigen Satz:

Ein Mann betritt sein Zimmer, sieht das Sägemehl nicht und erschießt sich.

Frage: **Warum hat er sich erschossen?**

Lösung: Der Mann war Liliputaner. Er arbeitete mit zwei anderen Liliputanern im Zirkus (Scharfschützen-Nummer). Er hatte sich mit seinem Los abgefunden, weil er ein besonders kleiner Liliputaner war. Damit war er der Star seiner Truppe und somit "der Größte" (sein Name stand auf den Plakaten; er war der große Magnet). Natürlich bekam er auch die höchste Gage.

Die letzten drei Wochen war er im Urlaub gewesen, kam aber heute (eine Woche früher als geplant) zurück. Nun hatte einer seiner Rivalen die vier Tischbeine seines Tisches (mit einer Säge) verkürzt, war jedoch in der Eile nicht mehr dazu gekommen, das Sägemehl wegzuräumen.

Unser Star setzte sich wie üblich (meinte er jedenfalls) an seinen Tisch, der ihm jetzt "zu kurz" erschien. Daraufhin gelangte er blitzschnell zu der unzulässigen Schlußfolgerung, er müsse in seiner Abwesenheit (in der er ja mit fremden Möbeln in diversen Hotels gelebt hatte) gewachsen sein. Eine Angst, die alle Liliputaner haben: so ein Wachstumsschub ist zwar selten, ruiniert jedoch sofort die Karriere eines besonders kleinen "Wunders".

Wenn er jedoch gewachsen wäre, wäre sein schlimmster Rivale in der Gruppe jetzt kleiner als er. Damit aber konnte er sich nicht abfinden. Also erschoß er sich.

Bemerkungen an den Spielleiter:
1. Es ist *nicht* notwendig, daß die Spieler "alles" erraten, aber es wäre möglich, wenn die Gruppe gut arbeitet! (S. Bemerkung Nr. 4.)
2. Dieses Rätsel hatte ich bereits vor vielen Jahren in meinem mvg-Taschenbuch *Kommunikationstraining* veröffentlicht; fragen Sie also vorher "beiläufig", ob es einer der Anwesenden kennt. Denn bei diesem Spiel ist die Gefahr, daß ein Spieler *vorgibt*, phänomenal gut zu raten, relativ hoch.
3. Falls die Gruppe große Mühe hat, können Sie das Rätsel als "erraten" akzeptieren, wenn bekannt ist, daß unser Star meinte, *gewachsen* zu sein, selbst wenn die Beteiligten noch nicht begreifen, wieso diese falsche Annahme ihn zum Selbstmord verleitete.

4. Man muß vor dem Rätselraten keinesfalls gewußt haben, daß Liliputaner noch wachsen können. **Alles kann erfragt** werden, das ist ja der Grund, warum wir Fragetechnik üben. *Genau so wird man beim Kunden durch Fragen manchmal Neues hinzulernen, oder etwa nicht?*

_____

_____

_____

_____

_____

_____

_____

_____

_____

_____

_____

_____

_____

_____

_____

_____

_____

_____

_____

_____

_____

10. Der Unfall - Glück im Unglück

Ein Mann fuhr mit seinem Sohn im Auto spazieren. Der Mann, also der Vater des Sohnes, war der Fahrer des Wagens; der Sohn - ungefähr 13 Jahre alt - saß auf dem Beifahrersitz.

Nun verlor der Fahrer plötzlich die Kontrolle über den Wagen, so daß er gegen eine Betonmauer fuhr.

Er war sofort tot, der Junge war schwerverletzt: Schädelbasisbruch. Nun erscheint aus irgendeinem Grund, der uns nicht zu interessieren braucht (Zufall, Schicksal...), ein Notarztwagen an der Unfallstelle, und zwar unmittelbar nach dem Unglück. Man stellt fest, daß der Fahrer tot und der Junge schwerverletzt ist. Man nimmt beide mit: den Fahrer wegen Wiederbelebungsversuchen, den Jungen, damit er im nächstgelegenen Krankenhaus operiert werden kann.

Nun kündigt man dem Krankenhaus per Funk an, welche Vorbereitungen bis zur Ankunft nötig sind, vor allem wegen der Operation. Nun sagt die Stimme aus dem Krankenhaus (also die Person, die das Funkgerät bedient), daß der verletzte Junge Glück im Unglück habe, da sich derzeit eine Kapazität für diese Art der Schädelchirurgie im Krankenhaus befinde, und daß der Junge daher die allerbesten Chancen hätte. Ich weiß nicht, ob Ihnen bekannt ist, daß herausragende Chirurgen manchmal herumreisen (eine Art Tournee), um ihre Techniken weiterzuvermitteln...

Wie dem auch sei, als man im Krankenhaus ankommt, ist der Fahrer des Wagens nach wie vor tot, während der Junge noch immer lebt. Die Ärzte stehen herum, um zu assistieren und um was zu lernen, wenn die berühmte Kapazität gleich operieren wird, aber dazu kommt es gar nicht. Als dann der Junge auf den Operationstisch gehoben wird und man das Blut vom Gesicht wäscht, ertönt plötzlich der Ausruf: "Diesen Jungen kann ich nicht operieren; es ist mein Sohn!" Ich weiß nicht, ob Ihnen bekannt ist, daß Chirurgen ihre engsten Anverwandten in der Regel nicht operieren, weil die Gefahr zu groß ist, daß sie bei Komplikationen nicht mehr kühl, rational und ruhig bleiben können...

Frage: Kommt Ihnen die Story irgendwie komisch vor?

Bemerkung: Alle, die Ja sagen (oder nicken), dürfen jetzt raten!

Lösung: Die Kapazität war die Mutter des Jungen!

Typische Denkrillen bei diesem Rätsel:

Dieses Rätsel kann nur gelöst werden, wenn die Spieler sauber ihre Prämissen abklopfen: Meist etabliert man, daß der Sohn im Auto tatsächlich der leibliche Sohn des Fahrers war, und denkt dann, es sei nun genauso "klar", daß der Fahrer der Vater sein müsse. Dieser erste Umkehrschluß ist zufälligerweise **wahr**, aber trotzdem **nicht schlüssig** (von der Logik her). Dies sehen wir beim zweiten Versuch: Nun etabliert die Gruppe oft, daß der Junge der leibliche Sohn dieser Kapazität ist, und nun schließen die Teilnehmer wieder "messerscharf", daß die Kapazität demzufolge (ebenfalls) der Vater sein müsse! Nun geht es in diesem Stil weiter: Man denkt an zwei Väter, zwei Söhne, drei Generationen, einen Priester (für den jeder sein "Sohn" ist) usw.

Schlußbemerkung zu diesem Rätsel:

Da Sie den Text ja laut **vorlesen**, können Sie den Angriffen aus der Gruppe getrost lächelnd entgegensehen. Manche Spieler werden nämlich *schwören*, Sie hätten "*der* Chirurg" gesagt! Ist es nicht interessant, daß "*die* Kapazität" in der Regel ein "Mann" zu sein scheint (vor allem in männlichen Köpfen)?

Übrigens: Wenn die Mitspieler beim Raten "der Chirurg" sagen (und dabei die Kapazität meinen), dürfen Sie diese Fragen ruhig beantworten; schließlich sagen Sie selbst ja nicht "der Chirurg"...

PS zu allen Rätsel-Stories

Wie im Teil 1 A dieses Buches schon erwähnt, ist es sehr leicht, **später weitere Rätsel zu erfinden**: Man nehme eine Situation, (über) die man gehörig gelesen hat, erwähne einige wenige Details, lasse andere wichtige Informationen weg und füge vielleicht noch einige irreführende Details hinzu. (Vgl. das *Drama in der Sonne*, Teil 1A sowie das Rätsel Nr. 8 auf S. 85)

Wir sind am Ende unseres Teil 1 - PRAXIS - angelangt. Sie entscheiden, inwieweit Sie sich noch mit Teil 2 und dem Anhang befassen wollen.

Lassen Sie mich daher mein Schlußwort sprechen:

Abschlußbemerkung

Ich weiß, daß nicht jeder Leser jede Anregung aufgreifen wird. Das ist völlig legitim. Betrachten Sie diesen Kurs bitte als eine Art psychologischer Supermarkt:

Wenn *jeder* Leser nur *einige* Anregungen findet, die er aufgreifen möchte, dann hat sich der Streifzug durch diesen psychologischen Supermarkt gelohnt.

Sicher haben Sie so manches "Produkt" entdeckt, welches Sie schon lange besaßen, weil Sie in der Vergangenheit intuitiv (oder durch andere Kurse) bereits diesen oder jenen Aspekt entwickelt hatten. Aber allein das erneute Innehalten und Bewußtwerden kann schon eine große Hilfe sein. Vielleicht entdeckten Sie auch den einen oder anderen Denkanstoß, der für Sie neu war? Wie dem auch sei; wenn Sie das Maximum aus diesem Kurs herausholen wollen, dann sollten Sie einmal pro Woche im Kalender eintragen: Verhandlungs-Strategie-Checkup (**VSC** genügt; es muß ja nicht jeder, der in Ihren Kalender blickt, Bescheid wissen). Dann nehmen Sie diesen Kurs wieder zur Hand und schlagen *zufällig*[12] (blind) irgendeine Stelle auf! Dort lesen Sie einige Zeilen. Sie werden erstaunt sein, was das bringen wird. Ich wünsche Ihnen viel Verhandlungserfolg!

---

[12] Der Zufall ist das, was uns zu-fällt! Inwieweit dies „nur zufällig" geschieht, wissen wir nicht. Aber wir wissen, daß wir dem „Zufall" durchaus ein wenig nachhelfen können.

Teil 2

Ein wenig Theorie

Inhaltsübersicht[1]

[1] Bitte entnehmen Sie die Zwischenüberschriften der einzelnen Abschnitte dem detaillierten Inhaltsverzeichnis am Anfang dieses Kurses.

I. FRAGETECHNIK – WARUM?

Das Bildsymbol zu diesem Abschnitt ist bewußt ein Kind, das einen „Großen" manipulieren könnte, denn in puncto Fragetechnik ist jeder Siebenjährige dem normalen Erwachsenen haushoch überlegen. Anders ausgedrückt: Wem diese phänomenalen Fähigkeiten leider „ausgetrieben" wurden, der muß sie nun *wieder* entdecken.

Merke: Es ist weit leichter, eine „verschüttete" Fertigkeit wieder zu entwickeln, als eine „neue" zu erlernen.

Wollen wir uns die Rationale hinter der Forderung (die Gesprächsführung diene dazu, den anderen mittels Fragen zu führen) betrachten. Es gibt drei Arten von Gründen, die dafür sprechen:

- **BIO-LOGIK,**
- **PSYCHO-LOGIK und**
- **LOGIK.**

Wollen wir sie der Reihe nach kurz betrachten.

1. Bio-Logik

Da ich an anderer Stelle[2] ausführlich erläutert habe, inwieweit biologische Prozesse den Homo Sapiens oft weit weniger intelligent handeln lassen als er gerne möchte, lassen Sie mich hier nur andeuten:

Wann immer uns etwas nicht paßt (Schmerz, Gefahr, Wut, Frustration), mischt sich ein „uralter" Gehirnteil ein. Dieses, nach MacLean als Reptiliengehirn bezeichnete Organ, zeichnet sich insbesondere dadurch aus, daß es sofort auf Kampf oder Flucht umschaltet. Gleichzeitig aber sendet es ein Notsignal an das Limbische (Zwischen-)Hirn, welches u.a.

---

[2] Vgl. meine mvg-Taschenbücher *Kommunikationstraining*, 9. Aufl., 1989, *Psycho-logisch richtig verhandeln*, 5.Aufl., 1989, sowie *Freude durch Streß*, 7. Aufl., 1989.

die Produktion von Streßhormonen beaufsichtigt. Also werden jetzt Adrenaline, Noradrenaline, Katecholamine, Kortikoide und ähnliche giftige Substanzen in unseren Blutkreislauf geschleust. Wieso giftig? Nun, einige wenige Streßhormone sind gut und wichtig für das Überleben; aber der moderne Mensch produziert in der Regel weit mehr, als er rechtzeitig abbauen kann. Dieses Zuviel an jenen Stoffen aber ist Gift! Wir könnten genausogut Arsen trinken. Nun ergibt sich durch die Doppelwirkung von Reptiliengehirn und Limbischem System, daß wir uns nicht mehr wie ein weiser Mensch (Homo Sapiens) verhalten, sondern eher zum HoRmo Sapiens werden. Symptome dieses Prozesses sind u.a.:

- Denkblockaden
- Zeit wird subjektiv langsam (sie dehnt sich).
- Wir sehen schwarz (alles wird negativ eingefärbt).
- Wir werden engstirnig und intolerant.

Tolerare heißt *ertragen, erleiden, erdulden*; wer zuviel Energie in diese bio-logischen Prozesse leiten muß, hat für logische und psycho-logische weniger übrig. Ist doch klar, oder?

2. Psycho-Logik

Hier gibt es zahlreiche Aspekte, auf die ich an anderer Stelle[3] ausführlich eingegangen bin, daher hier nur im Telegrammstil einige wenige Andeutungen:

2.1 Wessen Wirklichkeit?

Wir nehmen nicht die objektive Wirklichkeit wahr, sondern unseren Erfahrungen, Hoffnungen, Wünschen, Ängsten usw. entsprechend unser höchst persönliches Weltbild. Also bestimmt unsere Erwartung, was wir wahrnehmen können. Wie schon oben erwähnt, wird die Mitwirkung der alten Gehirnteile zu einem bio-logischen (Hormon-)Filter führen; aber dieser wird durch psychologische Aspekte , z.B. durch ein Vorurteil, noch weiter verstärkt.

Daran könnten wir denken, wenn wir versucht sind zu sagen bzw. zu meinen:

- Das siehst du zu eng!
- Das siehst du falsch!
- Du hast mich falsch verstanden!
- Du spinnst wohl!
- Nun sei doch endlich vernünftig!

Bei Kunden klingt dies dann etwas anders, denn der HoRmo Sapiens wird, wenn er auf Kampf umschaltet, die „Keule" erst in Geschenkpapier verpacken, ehe er sie dem anderen

---

[3] Vgl. vor allem das erwähnte *Kommunikationstraining* und mein *Erfolgstraining*, 2. Aufl., 1989, welches den beziehungsvollen Untertitel trägt: *Schaffen Sie sich Ihre Wirklichkeit selbst!*

überzieht. Also sagt er dann zum Beispiel: „Wenn Sie diese Informationen sorgfältig prüfen, werden Sie zu dem Schluß kommen müssen, daß ... (mein Angebot das beste ist)!"

Dabei wird natürlich wieder impliziert, daß es nur eine Meinung gäbe (die des Beraters), also entspricht dieser Satz genau dem "das mußt du so sehen, wie ich es sehe", d.h. dem Gedankengang hinter den oben erwähnten offenen aggressiven Äußerungen.

Hier eine bildliche Zusammenfassung dieses Aspekts:

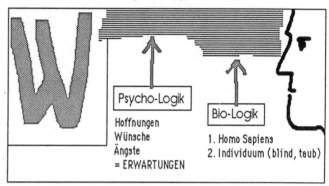

2.2 Das Selbstwertgefühl

Wie oft greifen wir das Selbstwertgefühl eines anderen an; auch bei Kunden passiert dies weit häufiger, als Verkäufer in den Seminaren jemals offen zugeben. Denn mit dem Selbstwertgefühl ist es ähnlich wie mit der Luft, die wir einatmen: Solange alles o.k. ist, registrieren wir es nicht bewußt. Wehe aber, wenn uns die Luft ausgeht. Wehe, wenn wir uns ungut fühlen! Wenn wir meinen, in den Augen eines anderen nicht oder nicht mehr o.k. zu sein! Dann reagieren wir sofort, wenn auch meist unbewußt. Dann „rutschen" uns unbedachte Bemerkungen heraus, dann greifen wir den Verhandlungspartner an wie der Berater[4], dem der Kunde mitgeteilt hatte, daß er Xerox bevorzuge.

Berater: Aber Xerox ist doch unmöglich; Sie wollen doch saubere und scharfe Kopien, oder?!
Kunde: Wie gesagt, ich war bisher immer sehr zufrieden.
Berater: Ja, mit maschinengeschriebenen Kopien vielleicht. Aber wenn Sie Zeichnungen und Skizzen haben wie diese hier (deutet).
Kunde (Verärgert): Sie wollen mir also klarmachen, daß ich ein Idiot bin, weil ich bisher mit Xerox zufrieden war?!

Daraufhin reagiert der Berater höchst erstaunt. Es war ihm nämlich überhaupt nicht klar gewesen, daß seine Worte indirekte Kampfsignale an den Kunden gewesen waren.

Falls Sie sich mit der Thematik etwas eingehender beschäftigen wollen, so könnte das Ihrem Erfolg[5] sicher „auf die Sprünge helfen"; denn ein gutes Selbstwertgefühl ist die

---

[4] Das folgende Zitat entstammt: *Psycho-logisch richtig verhandeln*, op. cit.
[5] Siehe insbesondere mein *Erfolgstraining*, op. cit.

Basis desselben. Es bewirkt u.a. ein Eins-Sein-mit-Sich. Und: Nur jemand, der mit sich im Reinen ist, kann

- andere *überzeugen*! Ohne große Monologe.
- wirklich *zuhören*. Fragetechnik ohne die Fähigkeit, auf das Gesagte einzugehen, ist absurd!
- wirklich *beobachten*. Man sieht also die skeptisch hochgezogene Augenbraue[6], lange ehe der andere mit Worten protestiert.
- sich *gedanklich* mit den Worten des anderen auseinandersetzen. Damit aber hat man keine Angst vor offenen Fragen, welche den anderen zu freier Meinungsäußerung einladen.

2.3 Motivation

Ein Modewort, sicher. Trotzdem gilt: Wer andere motivieren, d.h. bewegen will, sollte einige Grundgesetze der Motivation kennen. Lassen Sie mich daher einige Andeutungen machen:

Nach Frederic Herzberg unterscheiden wir zwischen negativer und positiver Motivation. Negative Motivation wird auch KITA genannt, das steht für „Kick in the Ass" (Tritt in den Allerwertesten). Sie arbeitet mit Druck (Zwang) und benötigt verstärkte Kontrolle. Auf das Verkaufsgespräch bezogen bedeutet dies Kampfmaßnahmen gegen den Kunden, wobei diese oft unbewußt und/oder verdeckt ablaufen, wie oben schon angedeutet. Während Mitarbeiter (oder Kinder) notfalls noch mit Zwang „motiviert" werden können, führt dies im Umgang mit Kunden zur sogenannten Strategie des *Hard Selling* (= des harten Verkaufs). Diese aber ist für *dauernde* Kundenbeziehungen nicht geeignet; daher wird sie von „Rucksack-Strategen" bevorzugt, welche einmal durch ein Gebiet hindurchreisen und dann in einer Staubwolke verschwinden.

Wenn wir einmal kurz bedenken, wie ungern wir uns von anderen zwingen (bedrängen, in die Enge treiben, manipulieren) lassen, dann wird uns klar, daß KITA Frustrationsgefühle auslöst.

Was aber heißt Frustration genau? Nun, wenn jemand versucht, ein bestimmtes Ziel zu erreichen, und wenn sein Körper ihm Energie zur Verfügung stellt, damit das Ziel erreicht

---

[6] Vgl. auch *Signale des Körpers und was sie aussagen*, 6. Aufl., 1989
[7] Aus dem *Erfolgstraining*, op. cit.

werden kann, dann stellt dies eine bio-logische und psycho-logische Investition dar. Nun stellen wir uns vor, jemand oder etwas blockiert diesen Homo Sapiens, so daß er vergeblich versucht hat, an sein Ziel zu gelangen. Vergeblich heißt auf lateinisch *frustra*; also ist die *Frustration* das *Vergeblichkeitsgefühl*. Dies aber bedeutet Distreß (= negativen Streß) und löst die oben beschriebenen bio-logischen Prozesse aus. Also wird der Homo Sapiens zum HoRmo Sapiens mit allen oben geschilderten Nachteilen:

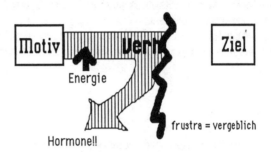

Sicherlich sind wir uns einig, daß wir unseren Kunden genausowenig in eine Frustrationsstimmung bringen dürfen, wie wir wollen, daß andere uns dies antun. Nach dem altbekannten Motto: Was du nicht willst, daß man dir tu...

Nun verglich F. Herzberg den Menschen, den man motivieren will, mit einem „Esel", den man bei negativer Motivation (KITA) in den A... tritt. Daher verwundert es sicher nicht, daß seine Metapher für positive Motivation eine Karotte ist, die man dem „Esel" anbietet:

Allerdings darf man jetzt nicht annehmen, es sei so einfach, die Karotte zu finden! Wenn dies der Fall wäre, gäbe es wohl kaum Motivationsprobleme in den Betrieben (und Familien) wie auch im Verkauf. Denn, was nützt die schönste Karotte, wenn der „Esel" gerade eine Heu-Diät durchführt? Dann „pfeift" er auf Ihre „Karotte". Was heißt das im Klartext?

Die Karotte muß aus den Interessen des Kunden hergeleitet werden.
Nur durch Fragen haben Sie eine echte Chance (im Gegensatz zu
dem häufig monologisierenden Kollegen des Wettbewerbs!)

Zwar waren dies nur einige erste Denkanregungen zur Psycho-Logik der Verkaufssituation, aber ich hoffe, daß sie den Wert der Fragetechnik betonen konnten. Aber es gibt noch einen Grund, der für die Kunst des Fragens spricht:

3. Logik

So banal es klingt, so wesentlich ist es: Durch Fragen erfahren Sie etwas.

Bitte denken Sie einmal an ein Kartenspiel, bei dem es wesentlich ist, daß Sie erstens Ihre Karten (noch) verdeckt halten und zweitens, daß Sie eine intelligente Strategie planen müssen, im Gegensatz zu reinen Glücksspielen. Nun würde doch kein Mensch einfach seine Karten auf den Tisch legen und dann sagen: Gut, spielen wir! Komischerweise tun Verkäufer/Berater dies laufend in der täglichen Praxis. Sie bewerfen den Kunden faktisch mit ihren Argumenten, weil sie versuchen zu überreden statt zu überzeugen. Wieviel klüger wäre es doch, würde man seine Argumente wie Spielkarten handhaben, und zwar mittels einer intelligenten Fragetechnik:

1. **Man findet heraus, welche „Karten" das Gegenüber hat.**
2. **Man merkt jetzt, ob man eine Plus-, Fragezeichen- oder Minus-Situation vor sich hat** (vgl. bitte auch den Abschnitt *Anatomie der NEIN-Reaktion* in diesem Teil 2).
3. **Man entscheidet, ob das eigene „Blatt" jetzt ein intelligentes Weiterspielen zuläßt.**
   Wenn Ja, dann kommt man jetzt erst zum eigentlichen Angebot, wobei man seine Argumente auf die „Karten" des Kunden abstimmt. Statt viele Argumente „herunterzurasseln", arbeitet man gezielt mit wenigen, die jedoch *diesen* Kunden ansprechen (Karotten-Technik!).
   Wenn Nein, dann kann man seinen ursprünglichen Plan quasi heimlich aufgeben.

Angenommen, Sie verkaufen Kosmetika an Drogerien und Sie hatten ursprünglich vor, mindestens 12 Töpfe anzubieten. Dann gehen Sie jetzt beispielsweise auf sechs Töpfe herunter (oder bieten sogar 18 an); der Drogist kennt ja Ihr vorläufiges, ursprüngliches Ziel nicht.

Anders sieht es aus, wenn man *vorzeitig* angeboten hatte, und dann doch einen "Rückzieher" machen muß. Jetzt kann man *weniger* nur mit einem gewissen Gesichtsverlust anbieten (der Drogist lernt dabei, daß Sie leicht zu "drücken" sind). Und *mehr* kann man jetzt nur noch sehr schwer anbieten. Ich darf also zusammenfassen:

Bio-logisch produziert der Kunde weniger Kampf-Hormone, er reagiert seltener aus dem Reptiliengehirn (Kampf oder Flucht), er ist weniger engstirnig und offener für Ihre Information.

Psycho-logisch ist jede Frage, so Sie auf die Antwort lauschen und eingehen, eine "Streicheleinheit für sein Selbstwertgefühl", und zwar "ohne Schmäh", wie dies bei "Komplimenten" gerne empfunden wird. Also fühlt er sich ge-Wert-schätzt, was Ihr großer Vorteil gegenüber den Kollegen vom Wettbewerb sein kann! Außerdem ist die Karotten-Technik nur möglich, wenn Sie erfahren, was *diesen* Kunden interessiert und bewegt.

Und von der **Logik** her können Sie sowohl mehr erfahren als auch Ihre eigene Strategie besser planen!

Merke: Mangelnde bio-logische und psycho-logische Rücksichtnahme führt oft zu Pseudo-Logik bei den Betroffenen.

Dann neigen wir dazu, die Diskussion zu gewinnen, darüber aber
den Kunden zu verlieren. Aber recht haben wir gehabt, gell?

II. SITUATIONEN FÜR GESCHLOSSENE FRAGEN

Es gibt mindestens vier Situationen, in denen der professionelle Einsatz von geschlossenen (=JA/NEIN-)Fragen Ihren Erfolg wesentlich mitbestimmen wird:

1. Wenn Sie als Profi einem Laien Daten „entlocken" müssen.
2. Wenn Sie es mit einem Vielredner zu tun haben.
   Aber auch das Gegenteil ist wahr:
3. Wenn Sie einem Kunden die „Würmer aus der Nase ziehen" müssen.
4. Wenn Sie ein Problem logisch durchdenken wollen (sei es alleine oder im Gespräch mit einem Partner/Kunden).

Wollen wir uns diese vier Situationen etwas näher ansehen.

1. Wenn Sie als Profi einem Laien Daten „entlocken" müssen

Oft besitzt ein Laie wertvolle Einzelinformationen, die er jedoch nicht im Sinne einer fachlich kompetenten Diagnose verwerten kann. So muß z.B. ein Computerberater einem Kunden, der sich noch nie mit dieser Thematik befaßt hat, raten, welches System für seine Bedürfnisse optimal geeignet ist. Natürlich gehe ich hier vom Idealfall aus, denn gerade Computerberater verdienen oft den Titel nicht! Oder denken Sie an einen Sportartikelverkäufer, der einem Einsteiger helfen soll. Da ist jemand durch Boris Becker oder Steffi Graf plötzlich auf den Geschmack gekommen, hat aber noch keine Ahnung, welche Art von Schläger, Bespannung, Schuhen usw. sinnvoll sein werden. Eine weitere Situation zeigt das folgende Beispiel.

Beispiel: Besuch beim Arzt

In der Regel stellt der Arzt eine Reihe von kurzen, oft relativ geschlossenen[8] Fragen, damit er entscheiden kann, welche diagnostischen Hilfsmittel (Tests, Untersuchungen) er jetzt einsetzen will, um seine erste Hypothese in eine erste Diagnose umzuwandeln.

Arzt: Treten diese Schmerzen besonders kurz nach einer Mahlzeit auf?
Patient: Nein, es scheint mit dem Essen gar nichts zu tun zu haben.
Arzt: Ist es ein drückender Schmerz?
Patient: Eher ein Stechen, ähnlich wie Seitenstechen.
Arzt: Gibt es eine Stelle, die besonders betroffen ist?
Patient: Ja, hier (deutet).
Arzt: (Befühlt Bauchdecke) Tut es hier weh? Oder hier?
Patient: Ja, genau da, Herr Doktor.

---

[8] Wir werden in Kürze zeigen, daß es auch *relativ geschlossene Fragen* gibt.

2. Wenn Sie es mit einem Vielredner zu tun haben

Es kann sein, daß ein Laie ewig „drum herum" redet, so daß Sie sich aus einem langen Wort- und Satzfluß diejenigen Informationen „herauspicken" müßten, die *Sie* für eine fachgerechte Einschätzung der Situation benötigen. Dem Problem begegnen Sie am besten mit gezielten geschlossenen Fragen, wie das folgende Beispiel zeigt.

Beispiel: Die wortreiche Hausfrau

Ein Klempner wird Montag früh in eine Villa gerufen. Es ist Wasser im Keller zu sehen. Die Wassermenge schließt einen richtigen Wasserrohrbruch zwar (beinahe) aus, aber es gibt zwei Möglichkeiten von hohem Wahrscheinlichkeitsgrad: Ist vielleicht eine Dichtung kaputt, oder existiert ein kleiner Riß in einer Leitung? Zuerst stellt der Fachmann eine offene Frage. Das war sein Fehler. Lesen Sie!

Klempner: Na, was ist denn hier los?
Kundin: Also, ich sage Ihnen! Gestern abend ging mein Mann in den Keller, um ein Bier zu holen. Er trinkt nämlich gerne vor dem Einschlafen ein Bier, besonders, wenn er den ganzen Abend nur Zitronentee bekommen hat! Wissen Sie, wir waren nämlich gestern bei den Gritzners eingeladen, kennen Sie die? Die haben das weiße Haus am Anfang der Straße, das mit dem roten Pflug im Garten. Das findet sie ja todschick, die Idee mit dem Pflug. Ich glaube, das hatte mal in der „Brigitte" gestanden, oder war's in der „Für Sie"? Und nun meint sie, das sei was ganz Besonderes. Also ich sage Ihnen...

Wenn der Fachmann die Frau noch lange reden läßt, wird er lange nicht erfahren, was er wissen will; nämlich ob gestern abend, als der Ehemann das Bier holen ging, bereits (wieviel) Wasser im Keller zu sehen gewesen war. Deshalb schaltet er jetzt konsequent auf geschlossene Fragestellung um:

Klempner: War gestern abend schon Wasser im Keller?
Kundin: Als mein Mann das Bier holte, da hat er nichts gesagt. (Sie holt Luft, um der Antwort noch etwas hinzuzufügen, aber unser Fachmann ist jetzt vorgewarnt und reagiert dementsprechend schnell.)
Klempner: Sie haben das Wasser also heute morgen entdeckt?
Kundin: Ja, ja, vorhin. Und dann habe ich Sie ja auch sofort angerufen. Ich bin ja so froh, daß Sie auch wirklich gleich kommen konnten. (Sie holt Luft...)
Klempner: Prima. Haben Sie schon mal ähnliche Probleme hier im Keller gehabt?
Kundin: Nein, nie. (Sie holt Luft...)
Klempner: Gut, ist das hier der Haupthahn?
Kundin: Ich weiß nicht, also ich meine, eigentlich müßte er das sein, oder?
Klempner: Ich glaube auch. Wollen Sie sich jetzt bitte einen Wasservorrat anlegen, z.B. einen Eimer für die Küche und am besten auch die Badewanne vollaufen lassen.
Kundin: Wieso denn die Wanne?
Klempner: Na ja, wenn ich hier ein paar Stunden lang das Wasser abdrehe, funktioniert natürlich auch die Spülung im WC nur noch einmal. Dann können Sie trotzdem auf die Toilette gehen.

Kundin: Oh, das ist aber clever. (Beginnt, die Treppe hinaufzusteigen)
Klempner: Wenn Sie genug Wasser haben, rufen Sie dann, damit ich hier zudrehen kann?
Kundin: O.k.

Wie Sie sehen, wurde das Schema der geschlossenen Frage hier und da durchbrochen. Ziel ist ja nicht, wie ein Automat nur JA oder NEIN vorzuprogrammieren, sondern durch diese Frageart die Führung des Gespräches *zunächst* an sich zu ziehen. Dazu sind gezielte und systematische Fragen[9] hervorragend geeignet.

Zusatzfrage: Wie kann ich fragen, wenn...?

Im Seminar werde ich oft gefragt, wie man mit Kunden umgehen soll, deren „Luftholen" so raffiniert angelegt ist, daß man, wie ein Teilnehmer es einmal ausdrückte, „kein Wörtchen, geschweige denn eine geschlossene Frage, dazwischen schieben kann!"

Antwort: Koppeln Sie rück

Unterbrechen Sie, indem Sie zunächst nur *rückkoppeln*. Damit zeigen Sie dem Kunden, daß Sie sich bemühen, ihn zu verstehen, so daß er Ihre Unterbrechung schnell "vergeben" und vergessen wird. Dadurch aber haben Sie die *erste Frage* und somit auch die erste Weiche für einen anderen Gesprächsverlauf gestellt. Diese Strategie ist vor allem dann nützlich, wenn der Vielredner laufend *vom Thema abschweift* wie die Hausfrau im Beispiel oben -, so daß Sie Ihr Gegenüber zuerst vorsichtig daran gewöhnen, **daß** Sie auch unterbrechen werden. Erst dann führen Sie *durch* Ihre Unterbrechungen (notfalls auch mehrmals) zum Thema zurück.

Falls Sie wie die meisten Teilnehmer zunächst nicht glauben können, daß dies möglich ist, ohne den vielredenden Kunden zu verärgern, dann lesen Sie das nachfolgende Beispiel. Der Berater war ein junger Mann, der Kunde hingegen ein etwa sechzigjähriger erfolgreicher Kleinunternehmer mit einem Umsatz von drei Millionen pro Jahr.

Beispiel: Unterbrechen des Kunden – aber mit System

Der Kunde hatte bereits etwa fünf Minuten monologisiert, als der Berater sich entschloß einzugreifen. Nun wartete er nur noch auf die erste Chance, die sich ihm bot.

Kunde: ...ja und dann wollte der doch unbedingt die Dichtungen, die hinten als Ausschuß herausfallen, wieder verwenden. Er meinte, von wegen Recycling und Umwelt und so. Dabei ist das unmöglich. Sie können nun einmal kein vulkanisiertes Material wieder verwenden, zumindest nicht, wenn...
Berater: Entschuldigen Sie die Unterbrechung, *aber ich bin nicht sicher, ob ich Sie richtig verstanden habe:* Sind denn die Rohlinge prinzipiell vulkanisiert?

---

[9] Vgl. das Training durch die Rätselaufgaben in **Teil 1**.

Kunde: Aber nein, mein Lieber. Erst nachdem sie durch den Brennvorgang hindurch sind, das Brennen ist ja das Vulkanisieren. Also, was das Recycling-Problem angeht, so muß man nämlich wissen, daß vulkanisierte...

Berater: Moment mal! Die Rohlinge selbst könnte man sozusagen mit einem Teig vergleichen, der erst durch den Brennvorgang "gebacken", sprich vulkanisiert wird?

Kunde: Genau. Das ist ein hervorragender Vergleich!

Berater: Dann habe ich den Teil Ihrer Erklärung jetzt begriffen. Könnten wir bitte noch einmal zu dem Problem mit dem Ausschuß zurückkommen. Wie hoch ist der Ausschuß denn normalerweise?

Kunde: Tja, früher waren das ungefähr 8 Prozent, aber in den letzten Monaten sind wir teilweise bei 22 Prozent. Das ist ja das Problem. Wer kann es sich denn schon leisten, 22 Prozent seiner Produktion wegzuwerfen...

Berater: Insbesondere, da Sie ja den Abtransport dieses Ausschusses auch noch bezahlen müssen, wenn ich Sie vorhin richtig verstanden habe.

Kunde: Exakt, das ist sehr teuer, sage ich Ihnen...

Berater: Wie teuer exakt, Herr Kunde?

Kunde: Also da gehen wir am besten ins Büro, dort habe ich die Unterlagen. Kommen Sie!

Das hat unser junger Berater doch ausgezeichnet gemacht, oder? Übrigens ist dieser Berater berühmt dafür, mit schwierigen Kunden gut fertigzuwerden. Wen wundert es?

Wie eingangs kurz angedeutet, gibt es auch Kunden, denen man jedes Wort, von Sätzen ganz zu schweigen, sozusagen „aus der Nase ziehen" muß. Nun, es gibt zwei mögliche Gründe für ein solches Verhalten.

Falls Sie erst selber denken wollen: Welche der beiden Möglichkeiten fallen Ihnen spontan ein?

1. Der Kunde.............nicht, und:

2. Der Kunde.............nicht.

Nun, sehen Sie, ob wir in unserer Einschätzung übereinstimmen.[10]

---

[10] Der Kunde kann nicht, oder er will sich nicht frei ausdrücken/äußern.

3. Wenn Sie einem Kunden die „Würmer aus der Nase ziehen" müssen

Der Mensch, an den wir jetzt denken wollen, redet möglichst gar nichts oder nur extrem wenig. Egal, ob er unfähig oder unwillig ist, seine Situation (sein Problem, seine Wünsche) mit freien Aussagen zu schildern, für Sie gilt:

Ihr Problem ist es nun, ihn zunächst[11] zu Kurzantworten wie JA bzw. NEIN zu „locken".

Natürlich wird dieser Gesprächspartner teilweise auch durch Kopfnicken bzw. -schütteln „antworten". Und er wird bei einer „Vielleicht-Antwort" oder bei einem „Ich-weiß-es-nicht" ebenfalls etwas anders reagieren, aber Sie schaffen zumindest eine Basis für Kommunikation!

Des weiteren gilt festzuhalten, daß „geschlossen" und „offen" nicht so einfach definiert werden kann, wie das üblich ist. Laut „offizieller Lesart" sind nur JA/NEIN-Fragen als geschlossen anzusehen. Aber ich sehe das differenzierter, wie ich gleich darlegen werde. Deshalb bitte ich Sie, die folgenden Bemerkungen durchzudenken und in das Fallbeispiel, bei dem Sie wieder mitraten können und das im Anschluß daran folgt, mit einzubeziehen.

Am besten wäre es, wenn Sie zunächst kurz darüber nachdenken würden, was Sie bisher über „geschlossene" bzw. „offene" Fragen gehört bzw. gelesen haben, ehe Sie weiterlesen.

---

[11] Wenn einer nicht reden *will*, dann entlocken wir ihm zunächst Kurzantworten, bis er seine momentane Unlust überwunden hat. Dieser Kunde kann sogar zum Typ des Vielredners gehören, der aber im Augenblick nicht will. Sei es, daß er schon sauer war, ehe Sie hereinkamen; sei es, daß Sie irgend etwas taten oder sagten, was ihn geärgert hat. Im Gegensatz zu dem Kunden, der sich nicht frei äußern *kann*! Bei diesem müssen Sie bis zum krönenden (Ab-)Schluß das Gespräch im wahrsten Sinne des Wortes führen – nämlich durch Ihre weitgehend geschlossenen Fragen.

Ganz oder relativ offene Fragen

Offiziell gelten nur JA/NEIN-Fragen als geschlossen; aber ich beziehe auch Kurzfragen (wie: „Wann haben Sie das erste Mal Wasser im Keller entdeckt?" oder „Wie hoch ist Ihr Budget für diese Urlaubsreise?") als *relativ geschlossen* mit ein, weil sie ja ebenfalls Kurzantworten erzielen *sollen*. Anders ausgedrückt:

Je mehr die Frage den
Antwortenden festlegt, desto geschlossener ist sie[12].

Und umgekehrt: Je offener die Antwortmöglichkeiten (*„Was versprechen Sie sich von Glasnost?"*), desto offener ist auch die Frage. So daß wir uns eine Gerade vorstellen sollten, an deren einem Ende die ganz geschlossene Frage (JA/NEIN) liegt, aus welcher ein Ausbruch in eine andere Art von Antwort besonders schwer fällt. Während am anderen Ende der Geraden die ganz offene Frage liegt, die eine freie Meinungsäußerung wünscht.

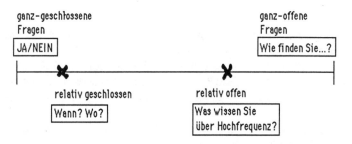

Nun zu einem Fallbeispiel (unten), mit einigen solcher Mischfragen:

Es folgt ein Tonbandprotokoll; bitte denken Sie aktiv mit: Wie bald können Sie entscheiden, ob dieser "Wortkarge" aus Unfähigkeit oder wegen Unlust nicht redet? Sie finden nach jeder der zehn Fragen und Antworten je zwei Kästchen zum Ankreuzen.

Bitte Schreibzeug zücken,
ehe Sie weiterlesen!

---

[12] Nach meiner operanten Definition.

Fallbeispiel zum Mitdenken: Der einsilbige Klient

Berater: Herr Mahlberg, viele unserer Kunden fangen ja bei null Kenntnis an. Haben *Sie* sich schon mit der Computerfrage auseinandergesetzt?
Kunde: Nein.

Unfähigkeit ☒   oder Frust ☐

Berater: Um welche Tätigkeiten wird es sich voraussichtlich handeln?
Kunde: Überwiegend Textverarbeitung.

Unfähigkeit ☐   oder Frust ☐

Berater: Werden Sie nur *schreiben*, den PC also als Superschreibmaschine verwenden, oder wollen Sie auch *publizieren*...
Kunde: Desktop Publishing, meinen Sie?

Unfähigkeit ☐   oder Frust ☒

Berater: Genau. Haben Sie auch DTP im Sinn?
Kunde: Ja.

Unfähigkeit ☐   oder Frust ☒

Berater: Nun gibt es drei Möglichkeiten: Sie können direkt auf Film belichten, Sie können kamerafertige Vorlagen auf einem Laserdrucker produzieren oder Sie können die Vorgaben für Satz und Druck schaffen. Wissen Sie bereits, wie Sie vorgehen wollen?
Kunde: Möglichkeit zwei.

Unfähigkeit ☐   oder Frust ☐

Berater: Aha, und wie steht es mit Abbildungen?
Kunde: Die gehören doch dazu, oder?

Unfähigkeit ☐   oder Frust ☐

Berater: Eigentlich schon...
Kunde: Eigentlich ist immer eine Einschränkung!

Unfähigkeit ☐   oder Frust ☐

Berater: Richtig: Sie und ich halten Abbildungen für wichtig, aber viele Leute wissen das nicht; daher gehört Grafik für sie nicht dazu.
Kunde: Ist aber gar nicht gehirn-gerecht![13]

Unfähigkeit ☒   oder Frust ☐

Berater: Ah, Sie kennen die Birkenbihl?
Kunde: Ich habe neulich ein Referat von ihr gehört.

Unfähigkeit ☐   oder Frust ☐

Berater: Da hat sie ihr Konzept „gehirn-gerecht" erläutert?
Kunde: Ja, eben. Mir war das völlig neu, müssen Sie wissen. Ich mußte regelrecht überzeugt werden. Es ist schon toll, wenn man bedenkt... (Jetzt ist er nicht mehr zu bremsen.)

Unfähigkeit ☐   oder Frust ☐

Wie lange haben Sie gebraucht, um die kleinen Zusatzinformationen, die quasi zwischen den Zeilen schwebten, einzuordnen? Ich meine: Tendenziell kann man davon ausgehen, daß ein sensibler Partner „es" eher merkt als ein anderer. Erfolgreiches Verhandeln/Verkaufen hat natürlich auch damit zu tun, wie gut man wahrnehmen kann! Und dies gilt nicht nur für das „offiziell" Gesagte.

So, jetzt zurück zu unserer Ausgangsfrage. Wir hatten festgestellt, daß es mindestens vier Situationen gibt, in welchen (relativ) geschlossene Fragen hilfreich sind. Drei davon haben wir bereits besprochen. Wenden wir uns jetzt der vierten zu.

4. Wenn Sie ein Problem logisch durchdenken wollen

Es ist nicht von ungefähr, daß die Computer-Logik auf JA und NEIN bzw. EINgeschaltet und AUSgeschaltet beruht. Jedes Problem kann in einzelne JA/NEIN-Denkschritte unterteilt werden; damit schafft man sogenannte Entscheidungsbäume. Einen systematischen Aufbau in kleinen JA/NEIN-Denkschritten nennt man übrigens **Algorithmus**.

Nun gibt es zwei Möglichkeiten: Entweder Sie sind alleine, so daß die Fragetechnik genau-genommen eine Denktechnik darstellt. Oder aber Sie versuchen das Problem im Gespräch zu lösen, so daß die Fragetechnik gleichzeitig auch eine gezielte Gesprächsführung ermöglicht. Das folgende Fallbeispiel stellt ein Gespräch dar.

---

[13] Vgl. meine Bücher *Stroh im Kopf? - Gebrauchsanleitung fürs Gehirn* (mvg-Paperback), Stichwort Schule: - *Trotz Schule lernen*, Gabal, 2. überarb., erw. Aufl., 1987 und: *Die Birkenbihl-Methode, Fremdsprachen zu lernen - gehirngerecht, ohne Vokabelpauken*, 3. Aufl., 1989

Algorithmus-Beispiel: Fehlersuche am Wagen

Denken wir an eine junge Dame, die vor kurzem den Führerschein gemacht hat. Heute hat sie ein Problem, denn der Wagen springt nicht an. Es ist ihr erster Auto-Winter (Temperatur –22°, und das seit Tagen).

Wollen Sie wieder mitdenken, dann überlegen Sie sich doch bitte einmal, wie ein erfahrener Techniker, den sie telefonisch um Hilfe bittet, nun zu fragen beginnen könnte. Dabei erstellen Sie einen Algorithmus. Nach dem unten aufgezeigten Schema!

Schema für einen Algorithmus:

Erste Frage[14]: ...?
Bei JA: Zu Frage X
Bei NEIN: Zu Frage Y

Wie könnte der Gesprächsbeginn unter Umständen aussehen?

---

[14] Z.B. jemand hat sich ausgesperrt. Erste Frage könnte lauten: „Ist irgendwo ein Fenster offen?" Wenn JA, wird die nächste Frage gestellt (Kann man es erreichen?)... Wenn NEIN, dann..., usw.

Vorschlag eines Algorithmus-Beginns – Der Diesel

Fahren Sie einen Diesel?

Bei Ja: Haben Sie vorgeglüht?
           Bei JA: Haben Sie Frostschutzzusatz im Kraftstoff?
               Bei JA...
               Bei NEIN...
           Bei NEIN: Glühen Sie vor! Rufen Sie mich wieder an, falls das Problem
           bestehen bleibt.

Bei NEIN: Ist die Batterie noch stark genug?
           Bei JA: Er dreht also voll durch, wenn Sie zu starten versuchen?
               Bei JA...
               Bei NEIN...
           Bei NEIN: Haben Sie ein Überbrückungskabel?
               Bei JA...
               Bei NEIN...

Sie sehen, wie ein Algorithmus aufgebaut ist. Das Problem liegt in der *Darstellung*, deshalb werden bei Problem-Such-Verfahren Zeichnungen angelegt, in denen jede Frage in einem Kästchen steht, so daß man sieht, welchen „Weg" man nehmen muß. Aber im Moment wollte ich Ihnen nur zeigen, *daß* eine systematische Folge von überwiegend geschlossenen Fragen der Fehlersuche dienen kann.

Angenommen, Sie haben bisher fleißig mitgeübt. Dann haben Sie jetzt Ihre ersten (großen?) Probleme überwunden und beginnen bereits recht flott „in Fragen zu denken". Dies aber kann ein neues Problem aufwerfen!

Daher eine Warnung:
Im Seminar zeigt sich, daß viele Teilnehmer ihre Pobleme, überhaupt in *Fragen* statt in *Aussagen* zu denken, bald überwinden. Wenn sie aber dann mit einiger Übung in fragendes Denken "hineinfallen" (was ja jeder aus seiner Kindheit kennt!), dann ergeben sich neue Probleme, die für die Verkaufs- bzw. Verhandlungssituation sehr gefährlich werden können. Bitte lesen Sie daher auch den Abschnitt *Typische Fragefehler* (im **Anhang** ab Seite 125).

III. ERGÄNZUNGEN

Wiewohl es den meisten Menschen nicht klar ist, sind unsere Botschaften weit weniger klar und präzise, als wir hoffen. Wir lassen nämlich regelmäßig bestimmte Detailinformationen weg, weil wir meinen, der andere wisse schon, was wir sagen wollen, oder aus Vergeßlichkeit. Wenn der andere fähig ist, unsere Stümmelbotschaft zu ergänzen, dann merken wir gar nichts; dann haben wir natürlich kein Problem.

Fallbeispiel: Restaurant

Sie sind mit Ihrem Partner und einem Freund im Restaurant; Sie haben bereits bestellt und unterhalten sich angeregt. Nun kommt der Ober mit dem ersten Gericht: *„Schwein?"*, worauf Ihr Freund prompt antwortet: *„Das bin ich!"*. Genaugenommen ist seine Äußerung natürlich absurd, aber *jeder weiß ja, was gemeint ist*, und ergänzt vollautomatisch. So „versteht" Ihr Freund das Wort „Schwein?" als: „Wer ist die Person, die das Schweinefleisch bestellt hat?" Deshalb beantwortet er genaugenommen *diese ergänzte Frage*, nicht die 10 Prozent der Information, die er tatsächlich *gehört* hatte.

Nun kommt der Ober mit dem Gericht Ihres Partners: "Kalbshaxe?" Und wie lautet die Äußerung Ihres Partners in 90 Prozent aller Fälle? Sie lautet "*Die hatte ich!*" Auch das ist, genaugenommen, Unsinn, denn Ihr Partner soll seine Mahlzeit ja jetzt erst erhalten! Natürlich ist gemeint: "Die hatte ich bestellt", aber das Wort "bestellt" muß in der Regel vom Ober ergänzt werden.

Wenn Sie jetzt an das Rätsel denken, mit dem Sie zu diesem Textabschnitt gelenkt worden sind[15], dann ist Ihnen spätestens jetzt klar, was hier geschehen ist. Sie haben eine wichtige Information ergänzt. Allerdings hatten Sie diesmal kein Glück, Sie haben nämlich „falsch ergänzt". Trösten Sie sich, das passiert denjenigen Seminarteilnehmern, die das Rätsel noch nicht kennen, ebenfalls. Denn die Fähigkeit des Ergänzen-Könnens ist bio-logisch vorprogrammiert, und das ist auch gut so.

Angenommen, Sie hatten ein einziges Mal ein schmerzhaftes Erlebnis mit einem Krokodil; dann ist es doch von Überlebenswert, wenn Sie später allein beim Anblick von Teilen eines Krokodils sofort die Flucht ergreifen, oder? Allerdings werden Sie auch bei ähnlichen Tieren "Krokodil" denken, selbst wenn Sie einer harmlosen Variante begegnen, z.B. einer Echse, denn die Natur sagt sich: lieber vorschnell ergänzen und überleben als lange zögern und tot sein! Erst eine ernsthafte Auseinandersetzung mit allen krokodilartigen Lebewesen versetzt Sie in die Lage, in Zukunft differenziert vorzugehen und die einen zu meiden, wiewohl Sie sich vor den anderen dann nicht mehr zu fürchten brauchen.

---

[15] Welches Rätsel das ist, wird hier nicht verraten, falls Sie diesen Text vorab lesen; damit Ihnen die Spannung nicht genommen wird.

Aufgabe:
Bitte betrachten Sie die folgende Zeichnung und ergänzen Sie diese:

Die Auflösung finden Sie am Ende dieses Teils 2 (S. 118). Jedenfalls gilt:

Wiewohl es biologisch sinnvoll ist zu ergänzen, können selbstverständlich Ergänzungs*fehler* auftreten (wie auch im Rätsel). Diese wiederum sind für einen Großteil sogenannter *Mißverständnisse* verantwortlich. Was läge also näher, als uns mit dem Mechanismus des Ergänzens etwas auseinanderzusetzen? Das Rätsel zeigt(e) Ihnen, wie leicht Ihre Freunde alle "dasselbe" ergänzen werden. Dieser Text machte auf den Hintergrund hierzu aufmerksam. Jetzt können wir ableiten:

1. Wenn wir unklare Informationen erhalten, ergänzen wir oft unbewußt. Eben weil dieser Prozeß nicht bewußt abläuft, bemerken wir ihn nicht. Daher kommt es uns auch nicht in den Sinn, unsere Ergänzungen zu überprüfen. Diesen Fehler vermeiden Sie zumindest weitgehend, wenn Sie regelmäßig *rückkoppeln* (wenn Sie die Prämissen überprüfen, ehe Sie davon ausgehen, Sie hätten "alles richtig" verstanden).

2. Manchmal vergißt der Sender etwas Wichtiges; durch Rückkoppelung kann jedoch so manches „Mist-Verständnis" verhindert werden. Zum Beispiel, wenn ein Chef sagt: *„In der Sache Bauer..."*, wobei er einen anderen Kunden namens Bauer meint als den, den Sie ergänzt haben, vielleicht weil Sie heute morgen noch mit „Ihrem Bauer" telefoniert hatten.

3. Oft setzt der Sender voraus, daß Sie wissen, was er meint, insbesondere bei firmen- oder brancheninternen Kürzeln. So hielt ich einmal eine Seminarreihe bei der AOK[16]. Am ersten Tag passierte folgendes: Ich wollte über das *Selbstwertgefühl* sprechen und zeichnete ein Oval an den Flipchart:

SWG

Dann begann ich mit meinen Ausführungen. Allerdings merkte ich sofort an den Gesichtern, daß "etwas nicht stimmte"; ich hielt also inne. Was glauben Sie, sagte ein Teilnehmer?

[16] Als ich dieses Beispiel das erste Mal verwendete, vergaß ich die Erklärung (Allgemeine Ortskrankenkasse) anzubieten. Was glauben Sie wohl, wie einige Anwesende reagierten, denen das Kürzel AOK im ersten Augenblick nichts gesagt hatte?

Er sagte: "Also, ich sehe überhaupt nicht ein, was das mit dem SWG zu tun haben soll?" Nun war es an mir, erstaunt dreinzuschauen, bis ein zweiter Teilnehmer hinzufügte: "Ja, ich würde auch gerne wissen, wo die Verbindung zum *Schlechtwettergeld* sein soll!" Sehen Sie, für einen AOK-Mitarbeiter wird SWG automatisch zu *Schlechtwettergeld*, demzufolge ergänzten diese Menschen erfahrungsgemäß, d.h. ihren bisherigen Erfahrungen gemäß. Und das, wiewohl ich zuvor mehrmals das ganze Wort *Selbstwertgefühl* ausgesprochen hatte!

Kleine Denkhilfe: Drei Fragen

- Welche firmen- oder brancheninternen Kürzel „werfen Sie" Ihren Kunden regelmäßig an den Kopf?
- Inwieweit verunsichern Sie neue Mitarbeiter oder Auszubildende (falls Sie solche anlernen sollen) mit Stummel-Botschaften, welche diese Menschen nicht automatisch richtig ergänzen können?
- Könnte es sein, daß Sie Ihrem Partner und/oder Ihren Kindern gegenüber manchmal ungeduldig sind, weil diese nicht immer ergänzen können, was Sie nun gerade meinten?

Mögliche Konsequenzen für die tägliche Praxis

Vielleicht notieren Sie, welche Konsequenzen *Sie* für Ihre tägliche Praxis (beruflich wie privat) ziehen wollen?

IV. ANATOMIE DER NEIN-REAKTION

Es war bisher nur angedeutet worden, daß es grundsätzlich zwei Arten des NEINs gibt. Unterscheiden Sie bitte ab jetzt zwischen dem Informations-NEIN gegenüber dem Entscheidungs-NEIN. Bei den ersten Fragespielen hatten wir es mit Informations-NEIN-Antworten zu tun: Antwortet der Kunde z.B. auf die Frage *„Haben Sie schon einmal an Interferenzstromtherapie gedacht?"* mit *„Nein"*, so ist dies ein Informations-NEIN. Es liefert Ihnen genausoviel Information wie ein JA. Anders wirkt ein NEIN auf die Frage: *"Wollen Sie den Vertrag bitte hier unterschreiben?"* - Alles im folgenden Gesagte bezieht sich hingegen auf das Entscheidungs-NEIN.

Es gibt unterschiedliche Entscheidungs-NEIN-Reaktionen des Kunden. Es ist für den Erfolg ungemein wichtig, diese Unterschiede zu kennen! Denn nur, wer ein NEIN richtig einordnen (erkennen) kann, kann diesem NEIN auch richtig begegnen: Sie wissen genau, daß es in Ihrer beruflichen wie privaten Erfahrung Situationen gab, die mit NEIN begannen, letztlich aber doch „gerettet" werden konnten. Ebenso haben Sie Situationen erlebt, in denen das anfängliche NEIN bestehen blieb. Sind Sie mit mir einig, daß es eine große Hilfe wäre, wenn man rechtzeitig wüßte, welcher Art von Ablehnung man diesmal gegenübersteht? Dann lesen Sie weiter!

Es geht im folgenden um eine klar umrissene Situation: Sie wollen etwas erreichen und stehen vor der Reaktion dieses Partners.

Ob Sie jemanden *motivieren*, jemandem etwas (Produkt/Dienstleistung) *verkaufen* wollen, ob Sie jemanden um einen *Gefallen* bitten, oder ob Sie möchten, daß jemand Ihre *Meinung* (Ihren Vorschlag) akzeptiert, ist dabei völlig gleichgültig. Daraus ersehen Sie, daß alles im folgenden Gesagte im privaten Bereich genausoviel Gültigkeit hat wie im Berufsleben und beileibe nicht nur in Verkaufssituationen. Stellen wir uns also einen A vor, der etwas von einem B „will":

A will „etwas" von B

Nun gibt es grundsätzlich drei Möglichkeiten:

Entweder der Partner stimmt sofort zu: **PLUS-Situation**, rechts im Bild
oder aber er sagt Nein: **MINUS-Situation**, links im Bild
oder aber er sagt Nein: **FRAGEZEICHEN-Situation**, Bildmitte:

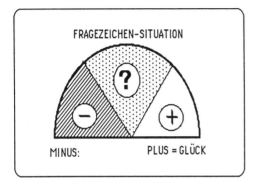

Wollen wir diese drei Situationen genau ansehen, damit es später keine Mißverständnisse geben wird.

1. Die PLUS-Situation

Manchmal bieten wir einen Gedanken, ein Produkt, eine Dienstleistung an, welche(r) dem andern „gerade recht" kommt, d.h., er befindet sich bereits in der PLUS-Situation, *ehe* wir noch unser Angebot gemacht haben.

Beispiel: Ein potentieller Kunde sucht ein Kassettengerät mit verschiedenen Abspielgeschwindigkeiten, wobei er bis zu 100 Prozent schneller aufnehmen bzw. abspielen will; natürlich ohne den bekannten Mickymaus-Effekt. Derartige Recorder sind bei uns noch schwer zu finden. Wenn Sie nun zufällig bei ihm vorsprechen und ihm genau so ein Gerät anbieten, wird er sofort zugreifen. Sie haben also einen *Käufermarkt* für Ihr Produkt (bei diesem Käufer zumindest).

Das war die Situation für zahlreiche Produkte in den Jahren unseres sogenannten deutschen Wirtschaftswunders, so daß viele Verkäufer fälschlicherweise zu dem Schluß kamen, ihre Verhandlungstaktik sei besonders erfolgreich gewesen. Aber heutzutage treffen wir nur noch selten auf eine Situation, die von Anfang an auf PLUS steht, d.h., wir werden leider weit häufiger mit FRAGEZEICHEN- und MINUS-Situationen konfrontiert.

2. Die MINUS-Situation

Die MINUS-Situation stellt genau das Gegenteil der PLUS-Situation dar: Noch *ehe* wir unser Gespräch überhaupt begonnen haben, ist bereits alles verloren! Es gibt irgend etwas, was dagegen spricht, daß der Partner mitzieht (selbst wenn er wollte)! Dies ist sehr wichtig, denn genau darin unterscheidet sich die MINUS- von der FRAGEZEICHEN-Situation, die ebenfalls mit NEIN beginnt. Wir sollten also lernen, diese beiden NEIN-Situationen richtig einzuschätzen. Bei MINUS steht also von vorneherein fest, daß wir keine Chance haben, weil es Gründe gibt, die gegen unser **Angebot**[17] sprechen. Gründe, die wir nicht ändern können. *Das hat mit Verhandlungsgeschick gar nichts zu tun!* Genauso wie die PLUS-Situation Glück bedeutet, ist das Treffen auf eine MINUS-Situation einfach Pech. Es wird immer wieder vorkommen.

Merke: Wenn Sie jetzt an eine Situation denken, in der ein hartnäckiges NEIN letztlich doch zu JA gewandelt werden konnte, dann dürfen Sie diese nicht mit einer MINUS-Situation verwechseln.

- Die MINUS-Situation ist ja *per definitionem* eine Situation, in welcher das NEIN keinesfalls wandelbar ist!
- Wandelbare NEINs gehören in die Kategorie FRAGEZEICHEN-Situationen, siehe unten.

Beispiel: Angenommen, Sie verkaufen Lexika und kommen zu einem potentiellen Kunden, der erst vor einem Monat ein 20-Bände-Lexikon gekauft hat. Da die wenigsten Menschen zwei solche Werke (zu mehreren tausend Mark pro Satz) benötigen, und da der Zeitpunkt einer möglichen Stornierung seines ersten Auftrages bereits verstrichen ist, haben Sie Pech gehabt. Zufall oder Schicksal, Sie sind zu spät dran.

3. Die FRAGEZEICHEN-Situation

Wiewohl Sie zunächst auf Ablehnung stoßen, haben Sie doch noch eine gute Chance, *falls Sie sie erkennen können.* Deshalb ist es ja so wichtig, daß wir ein FRAGEZEICHEN-NEIN von einem echten MINUS-NEIN unterscheiden können!

Beispiel: Nehmen wir noch einmal die Situation von oben. Ab und zu wird jemand mehr als ein Lexikon zu kaufen bereit sein, z.B. ein Autor oder ein Forscher. Wenn diese Möglichkeit gegeben ist, dann stehen wir nicht vor einer MINUS- sondern vor einer FRAGEZEICHEN-Situation. Aber das läßt sich nie von vorneherein sagen. Das wird erst die Verhandlung selbst ergeben. Für die tägliche Praxis bedeutet dies:

---

[17] Wir benutzen das Wort ANGEBOT, wiewohl damit genausogut der Gefallen gemeint sein kann, den jemand Ihnen tun soll, oder Ihre Meinung, die Sie gerade durchsetzen wollen.

Die FRAGEZEICHEN-Situation steht auf der „Kippe"; sie muß fallen.
Ob nach PLUS oder nach MINUS bestimmen alleine Sie!

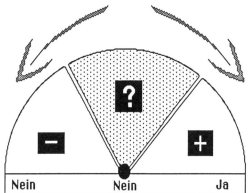

| Nein | Nein | Ja |

MINUS bleibt MINUS.   PLUS bleibt PLUS
Hier hatten Sie PECH.   Sie hatten GLÜCK.

Wenn Sie Ihren persönlichen Erfolg beurteilen wollen, so darf eine PLUS-Situation überhaupt nicht zählen, denn sie stellt ja einen Glücksfall dar. Allerdings sollte man sich vielleicht öfter einmal bewußt klarmachen, wann man „nur Glück hatte". Denn wir neigen dazu, PLUS-Situationen als unseren persönlichen Erfolg zu verbuchen.

Sowohl bei FRAGEZEICHEN als auch bei MINUS kann ein Erfolg errungen werden, solange Sie die folgende Erfolgsdefinition zu akzeptieren bereit sind:

Falls Sie wieder mitdenken wollen:
Wie kann man eine Fragezeichen- bzw. eine
Minus-Situation zum Erfolg bringen, wenn
Sie davon ausgehen, daß es auch Erfolge
ohne Kaufvertrag geben kann?

Ihre Antworten:

1. FRAGEZEICHEN-Situation:
Erfolg ist⎯⎯⎯⎯⎯⎯⎯⎯⎯⎯⎯⎯⎯⎯⎯⎯⎯

2. MINUS-Situation:
Erfolg ist⎯⎯⎯⎯⎯⎯⎯⎯⎯⎯⎯⎯⎯⎯⎯⎯⎯

Nun vergleichen Sie bitte meinen Vorschlag:

FRAGEZEICHEN-Situation:
ERFOLG ist natürlich,
wenn Sie eine FRAGEZEICHEN-Situation richtig eingeschätzt
und dann zu PLUS gebracht haben.

MINUS-Situation:
ERFOLG ist,
wenn Sie die MINUS-Situation erkennen und richtig reagieren. Das heißt:
Für heute akzeptieren Sie das MINUS, damit Sie später mit diesem
Verhandlungspartner wieder verhandeln können. Denn: Die MINUS-
Situation ist *per definitionem* heute ein MINUS. Das sagt jedoch nicht,
daß Sie mit diesem Kunden nie wieder verhandeln können!

Gerade bei MINUS-Situationen werden in der Praxis große Fehler gemacht; hier wird das Gesprächsklima oft psycho-logisch „verseucht", was spätere Gespräche mit diesem Partner schwierig, manchmal sogar unmöglich macht. Der Kunde, der heute keine zweite Enzyklopädie will, wird vielleicht seine nächste einige Jahre später bei uns kaufen. Oder denken Sie an eine andere Situation:

Beispiel: Angenommen, Sie verhandeln mit einem Einkäufer, der sich bei seinem Chef Liebkind machen möchte, und der genau weiß, daß sein Chef etwas gegen Ihr Haus hat. Diese Situation mag heute MINUS sein, sie kann sich jedoch ändern, z.B. wenn dieser Chef weggelobt wird und unser Einkäufer nun selbst entscheiden kann. Natürlich erfahren Sie nur bei guter Verhandlungsführung überhaupt, daß der Chef im Hintergrund Ihr Hauptproblem darstellt!

Wenn Sie wollen, dann können Sie jetzt *sofort* wieder aktiv etwas tun.

Bitte überdenken Sie, ob Ihnen ganz klar ist, was die oben erläuterten Begriffe MINUS- bzw. FRAGEZEICHEN-Situation exakt bedeuten; denn wir werden auch weiterhin mit diesen Begriffen arbeiten. Tragen Sie die fehlenden Definitionen unten ein.

Beispiel:

Definition einer PLUS-Situation:

Hierbei handelt es sich um eine Verhandlungssituation, die von vorneherein positiv für mich ist; d.h., der Partner will mein Angebot ja annehmen. Also will er meinen Gedanken, mein Produkt oder meine Dienstleistung akzeptieren (bzw. kaufen oder mieten).

Jetzt sind Sie dran:

Definition einer MINUS-Situation:

_____

_____

_____

Definition einer FRAGEZEICHEN-Situation:

_____

_____

_____

Falls Sie feststellen sollten, daß Sie nicht ganz sicher sind, wäre es am besten, wenn Sie oben im Text noch einmal nachsehen würden. Denn die Seminararbeit hat gezeigt, daß viele Teilnehmer anfangs Probleme haben, die FRAGEZEICHEN- von den MINUS-Situationen zu unterscheiden. Dann aber versuchen sie immer wieder, eine MINUS-Situation „umzubiegen".

Falls Sie Englisch können, dann ist die Unterscheidung, die ich mit diesen Begriffen machen will, die folgende:

FRAGEZEICHEN-Situationen sind sogenannte NEGOTIABLES[18], aber MINUS-Situationen sind NON-NEGOTIABLES[19]!

Bitte notieren Sie je drei FRAGEZEICHEN- und MINUS-Situationen aus Ihrer persönlichen, beruflichen oder privaten Vergangenheit, damit Sie diese Schlüsselworte an Ihnen wohlbekannten Fällen "aufhängen" können. Es genügt je ein Stichwort oder ein Name, damit Sie wissen, welchen Fall Sie damit meinen:

FRAGEZEICHEN:
1._____
2._____
3._____

MINUS:
1._____
2._____
3._____

---

[18] D.h., eine Situation über die (noch) verhandelt werden kann.
[19] D.h., eine Situation, über die absolut nicht mehr verhandelt werden kann.

So, das war unsere „Anatomie einer NEIN-Reaktion", wobei hier immer das Entscheidungs-NEIN gemeint ist.

Es folgt noch die **Auflösung zu der Ergänzungsfrage**, so sah das Tier aus!

Anhang

Arbeitsblatt: Formular

Hier können Sie Notizen für Ihre Erfolgskontrolle machen.[1]

Datum: **Art der Übung:**   **Mitspieler:**

_____

_____

_____

_____

_____

_____

_____

_____

_____

_____

_____

_____

_____

_____

_____

---

[1] Falls Sie vorhaben, häufig zu üben, können Sie dieses Arbeitsblatt gleich mehrmals fotokopieren. Dies ist auch dann sinnvoll, wenn Sie im Team trainieren wollen, damit jeder seine Erfolgskontrolle vornehmen kann.

Analyse einiger Gesprächsprotokolle[2]

Sie wissen ja schon, daß die Schreibmaschinenschrift Sie zum Denken/Handeln auffordert, während die Feder ein Symbol zum Notizenmachen ist:

Falls Sie jedoch mit einer Gruppe arbeiten, dann nutzen Sie das Federsymbol in diesem Abschnitt für kurze Diskussionen, ehe Sie weiterlesen.

Beispiel Nr. 1: Urlaubs-Verkauf, aber diesmal richtig

Sie erinnern sich an das Beispiel aus Teil 1 (in Stufe 2), in dem ein echter Urlaubsberater so schlecht „beraten" hatte, weil er den Kunden mit seinen Argumenten zu erschlagen versucht, anstatt... (Seite 41 ff.) Nun, was meinen Sie? Wie hätte dieses Spiel im Optimalfall aussehen müssen?
In Teil 1 wurden Sie aufgefordert, ein Skript zu dieser Situation zu schreiben. Haben Sie es getan?

Oder wollen Sie es vielleicht jetzt noch tun, ehe Sie weiterlesen? Wenn Sie doch noch ein Skript schreiben wollen, dann müßte dies geschehen, ehe Sie weiterlesen.

A: Womit kann ich dienen?
B: Tjaaa..., also wegen eines Urlaubs.
A: Haben Sie schon konkrete Vorstellungen?
B: Nein. Ich wollte einmal so sehen, was es gibt.
A: Fein. Wann wollen Sie denn reisen?
B: Im September, nach der Hauptsaison. Meine Kinder sind nämlich schon aus dem Schulalter heraus, wissen Sie.
A: Werden Sie mit den Kindern fahren, mit der Familie?
B: Ja, also meine Frau und ich, mein Sohn Michel, und dann nehmen wir noch das Kind meiner Schwester mit.
A: Wie alt ist dieses Kind denn, wenn ich fragen darf?
B: (Lächelt) Sicher, sicher. Sie wird im Herbst vier.
A: Aha. Dann wären Sie vielleicht an einem Kindergarten im Hotel interessiert, damit Sie stundenweise "frei" sind?
B: Gibt's denn sowas in Urlaubshotels?
A: Nun, leider noch nicht in allen. Aber viele bieten diesen Service schon mit an. Dort ist eine professionelle Betreuerin. Außerdem kann das Kind mit Gleichaltrigen spielen.
B: Das finde ich ja toll! (Argument Nummer 8 wurde bereits akzeptiert.)
A: Wie steht es denn mit dem Geld? Haben Sie ein festes Budget für diese Reise?
B: Also, na ja. Es sollte halt nicht über 5000 DM kosten. Geht denn das?
A: Aber sicher. Es gibt heute wunderbare Sonderangebote für Reisekosten. Auch für Hotels. Außerdem gibt es oft einen weiteren Rabatt, wenn Sie beides gemeinsam buchen.
B: Aha. Das klingt gut. (Argument Nummer 1 wurde vorbereitet.)
A: Legen Sie Wert auf gutes Wetter? Sonne, Baden vielleicht?

[2] Beispiele 1-3 aus: *Psycho-logisch richtig verhandeln*, mvg-Paperback, 6. Auflage 1990

121

B: Also, wenn es allzu heiß ist, das mögen wir nicht. Aber Sonne wollen wir schon. Und, was das Baden angeht... Meine Frau und ich baden ja heute weniger, aber der Michel...

A: Wie alt ist denn Ihr Sohn? (Die Worte „Ihr Sohn" zeigen deutlich, wie sehr er auf die Informationen von B eingeht, wie aufmerksam er zuhört! Das ist psychologisch wichtig.)

B: Der ist jetzt 22 Jahre alt. Und die jungen Leute... (Zuckt mit den Achseln).

A: Würden Sie denn auf einen schönen Abschnitt Badestrand direkt am Hotel Wert legen?

B: Eigentlich schon. (Er „erwärmt" sich schon für Argument Nummer 4.)

A: Hier haben wir ein Foto, wie das aussehen kann. Ein paar Schritte...

B: Ja, das gefällt mir gut! (Jetzt hat er Argument Nummer 4 akzeptiert!)

Also haben wir hier ein vorzeitiges "Herausholen" von Argumenten aus B's Köfferchen: Je mehr man von B Argumente vorher entlocken kann, desto leichter ist es, die eigenen Argumente auf die Bedürfnisse von B abzustimmen. (Vgl. Karottenmethode, Seite 96)

A's Köfferchen ist zu diesem Zeitpunkt noch ungeöffnet. Erst wenn er glaubt, genügend Ansatzpunkte gefunden zu haben, legt er seine Argumente auf den Tisch -, indem er sie aber in B's Bedürfnisse "einwickelt". Er stellt die Kontrollfrage:

„Also, wenn ich Sie richtig verstanden habe, legen Sie Wert auf sonniges, aber nicht zu heißes Wetter. Sie möchten ein preisgünstiges Angebot ausnützen. Sie hätten gerne Zugang zum Badestrand und würden sich über einen Hotelkindergarten freuen. Habe ich noch etwas Wichtiges vergessen?"

Die letzte Frage ist wichtig, ehe A zum Angebot schreitet. Denn hier verhindert A, daß der Kunde plötzlich alles ablehnt, weil ihm noch etwas furchtbar Wichtiges einfällt, eine Bedingung, die A vielleicht doch nicht erfüllen kann. Zum Beispiel sagt der Kunde jetzt:

B: Wissen Sie, falls Sie ans Ausland denken, wo das Wetter ja optimal wäre... meine Frau und ich können aber keine Fremdsprachen!

A: Angenommen, das wäre kein Problem...?

Nun, in unserem Fallbeispiel ist sein Einwand für uns kein Problem, weil wir ja noch Argument Nummer 6 im Köfferchen haben!

Wir brauchen sicher nicht das gesamte Gespräch aufzuzeichnen. Sie sehen aber, die Psycho-Logik hier: Indem man durch Fragen diejenigen Gegenargumente des B erfährt, *die man für sich selbst verwenden kann*, hat man sie entschärft. Schritt für Schritt hat man sozusagen jede potentielle „Mine" unschädlich gemacht, ja sogar für sich einsetzen können.

Beispiel Nr. 2:
Interferenz
(Fragezeichen zu Minus)

A: Die Vorzüge der Interferenzstrom-Therapie leuchten Ihnen doch sicher ein, Herr Doktor?

B: Nein, eigentlich nicht.

A: (Hatte gerade eine längere Erklärung abgegeben. Nun leicht ungeduldig:) Wie ich schon sagte, erzeugen wir die 0-100 Hertz ja hier *endogen*...

B: (Lehnt sich abrupt gegen die Wand, verschränkt die Arme und blickt von A weg auf das Gerät, sendet also Signale der Beziehungsebene, welche Unbehagen signalisieren.)

A: (Spricht unbekümmert weiter)... indem wir zwei Stromkreise so überlagern, daß im Schnittpunkt das Interferenzfeld entsteht.

B: Trotzdem. Es wird *immer* zu Hautverätzungen kommen! (Eine sachlich unrichtige Aussage.)

A: (Beginnt jetzt, die Diskussion zu gewinnen, aber darüber den Kunden zu verlieren) Ja, aber *nur* bei unsachgemäßer Handhabung der Elektroden...

B: Das ist es ja gerade! Ich müßte mich da ganz auf meine MTA verlassen, und *das Risiko ist mir zu groß!*

A: Ja, aber Herr Doktor...

B: Im übrigen ist Ihr Gerät auch ziemlich teuer, meinen Sie nicht, wenn Sie ehrlich sind?

Jetzt ist das Gespräch für A schon fast verloren. Der Arzt hat eine indirekte, höchst subtile Kampfstrategie angewendet, indem er A in die Beziehungsfalle lockte. Wenn A sagt, der Preis sei nicht zu hoch, kann B seine Ehrlichkeit bezweifeln. Stimmt er hingegen zu, hat der Arzt ein wunderbares Gegenargument in der Hand. Weil er später immer sagen kann: "Aber Sie haben doch selbst zugegeben..."

Regel: Wenn B zu unfairen Kampfmaßnahmen greift, muß ich mich mit diesen so analytisch wie möglich auseinandersetzen, wenn ich strategisch geschickt vorgehen will.

Meist aber führen solche Strategeme zu Gegenkampf. Druck erzeugt Gegendruck. Wobei wir nicht vergessen dürfen, daß der Druck des Arztes der Gegendruck auf A's Strategie war!

Beispiel Nr. 3:
Interferenz
(Fragezeichen zu Plus)

A: Die Vorzüge der Interferenzstrom-Therapie leuchten Ihnen doch sicher ein, Herr Doktor?

B: Nein, eigentlich nicht.

A: Darf ich fragen, welche Bedenken Sie haben?

B: Ich verstehe noch nicht, inwieweit Sie glauben, das Problem möglicher Hautverätzungen gelöst zu haben.

A: (Kennt jetzt ein Gegenargument, will sehen, ob es weitere gibt) Ist das Ihre Hauptsorge, Herr Doktor?

B: Abgesehen von dem Preis Ihres Gerätes, ja.

A: (Entscheidet sich innerlich weiterzumachen) Wenn ich Sie richtig verstanden habe, Herr Doktor, dann würde Sie die Interferenzstrom-Therapie u.U. interessieren, falls Sie sicher sein könnten, daß *keine Verätzungen* auftreten können, und falls sich das Gerät für Sie *rentieren* würde, was die Kassenabrechnungen angeht?

B: Ja, allerdings fällt mir noch etwas ein: Ist das Gerät gut zu transportieren? Ich würde es nämlich in zwei Kabinen einsetzen wollen.

A: (Hat ein zusätzliches Argument aus B's Truhe gelockt. Wenn A weiß, daß er drei gute *passende Argumente* hat, die er in die des Doktors „verpacken" kann, wird er den Kunden höchstwahrscheinlich überzeugen können. Er versucht es.) Also, Herr Doktor, fangen wir beim letzten Punkt an. Wenn Sie das Gerät leicht kippen, so (führt es vor), dann können Sie es sehr leicht schieben. Sogar Ihre MTA kann das Gerät spielend transportieren. (Er hat gezeigt, wie gut er die Alltagssituation des Arztes kennt, denn die Physiotherapie wird meist von den Helferinnen gehandhabt.) Was die Rentabilität angeht, so erlaubt die Kasse eine XCV (Eine Kennziffer, die der Arzt kennt), so daß Sie pro Behandlung auf XX DM YY Pfennige kommen.

B: (Nickt interessiert. Ein Zeichen, welches Interesse signalisiert. Interessanterweise schien er nicht so interessiert, als das Transportproblem erläutert wurde!)

A: Und nun zum Hauptpunkt: Hautverätzungen können bei zweipoligen Reizstromgeräten auftreten, weil Sie ja mit 0-100 Hertz in die Haut müssen, nicht wahr?

B: (Weiß, daß das der medizinisch wirksame Bereich ist. Weiß aber auch, daß der Hautwiderstand gerade gegen diesen Bereich oft „kämpft". Er nickt zustimmend.)

A: Deswegen gehen wir mit 5000 Hertz in die Haut. Dadurch kann es gar nicht zu Verätzungen kommen. (Hier beobachtet er den Arzt genau. Zieht derselbe bei den Worten „5000 Hertz" fragend die Augenbraue hoch, weil er nicht versteht, warum es zu keiner chemischen Verbrennung kommen kann, so muß A auch dies erklären. Aber der Arzt nickt wieder.)

B: Nun frage ich mich nur, wo Sie dann Ihre 0-100 Hertz herbekommen. (Eine sachliche Frage, aus dem Denkhirn des Arztes)

A: Das ist gerade das Raffinierte an der Interferenzstrom-Therapie, Herr Doktor. Sehen Sie hier: Wir haben nicht einen, sondern zwei Stromkreise (deutet auf zwei weiße und zwei rote Kabel). Die Elektroden (deutet) legen wir so an, daß die Stromkreise sich überschneiden, wie hier: (Ein Bild im Prospekt)

B: Beide Stromkreise haben 4000 Hertz?

A: Ja und Nein. Einer hat 4000 Hertz konstant. Aber der andere ist von 4000-4100 Hertz variabel...

B: Ah, ja! Das meinten Sie vorhin, als Sie davon sprachen, daß Sie die 0-100 Hertz endogen (= im Körper) erzeugen würden.

A: Genau, Herr Doktor.

Beispiel Nr. 4: Autokauf 1986

Es war zu der Zeit, als die Autohäuser noch nicht genügend Katalysatorautos liefern konnten, weil die Industrie diese nur außerordentlich zögernd anbot. Ein potentieller Kunde betritt den Ausstellungsraum.

Berater: Kann ich Ihnen helfen?

Kunde: Ja, ich habe vorhin angerufen wegen eines ...(Nennt das gewünschte Modell).

Berater: Ach ja, da haben Sie mit mir gesprochen; ich bin Herr Schneider.

Kunde: Angenehm, Müller. Also, ich habe nochmal mit meinem Partner gesprochen, es soll ja ein Firmenwagen werden. Er sagte, es müsse unbedingt ein Kat-Auto sein.

Berater: Das ist doch Unsinn, wo doch noch kein Mensch weiß, wie sich das weiterentwickelt. Sie wollen doch überall tanken können, oder? Und überhaupt...

Kunde: Also, wenn Sie sich da noch nicht auskennen, sollte ich vielleicht doch...?

Berater: (Unterbricht) Die anderen Händler wissen ebensowenig wie wir. Kein Mensch kennt sich aus. Den Politikern ist doch die tägliche Praxis völlig egal! Solange die nur gut klingen, wenn sie auf Stimmenfang gehen...

Kunde: Also, trotzdem. Ich glaube, wir müssen uns das einfach noch einmal überlegen. Auf Wiedersehen. (Geht schnell hinaus)

Natürlich liest sich so ein Beispiel immer „leicht". Man sieht sofort, wo der Berater Fehler macht. Und man denkt, diese Fehler wären einem selbst nie unterlaufen. Dies stimmt aber nur bedingt; denn wenn Sie menschlich sind, werden auch Sie Fehler machen. Nur, welcher *Hauptfehler* wurde hier gemacht?

Übrigens lohnt es sich ganz allgemein, über einige der häufigsten Fehler beim Fragen nachzudenken. Wenn Sie dies wollen, blättern Sie bitte um!

Typische Fragefehler in der täglichen Praxis

Wie in dem Abschnitt *Situationen für geschlossene Fragen* bereits erwähnt, fällt es den Teilnehmern *nur zunächst* schwer, in Fragen zu denken. Wenn sie aber dann endlich „umschalten", dann tauchen typische Fragefehler auf, die auch im Alltag häufig sind, wie Kundenbefragungen immer wieder ergeben. Ein Kunde beschrieb die Situation wie folgt:

Entweder der Berater fragt zuwenig, oder er nervt mich mit der Art, *wie* er fragt!

Nun kennen Sie wahrscheinlich den Spruch: "Es gibt keine dummen Fragen, nur dumme Antworten!" Dem stimme ich hundertprozentig zu. Insbesondere, wenn ein Kunde (oder Seminarteilnehmer) sich über die Qualität seiner Fragen Sorgen macht. Auf der anderen Seite scheint es doch falsche Fragen zu geben, wenn wir die Fragen des Verkäufers, Beraters (Chefs, Trainers, Elternteils) kritisch unter die Lupe zu nehmen bereit sind.
Wenn Sie dazu bereit sind, dann lesen Sie bitte weiter!

(Frage-)Fehler Nr. 1:
Mehr als eine Frage gleichzeitig

Dies können Sie sehr häufig im Fernsehen beobachten, wenn ein Journalist jemanden befragt; aber Verkäufer beherrschen diese "Kunst" mindestens genauso gut!

Beispiel:
Werden Sie wieder kandidieren...? (Jetzt möchte der Politiker bereits antworten, aber der Berater fährt fort:) *... und: glauben Sie, daß ihre Partei Sie dabei unterstützen wird...?* (Wieder möchte der Politiker bereits antworten, aber der Berater fährt ungerührt fort:) *... wobei natürlich bedacht werden muß, daß die internen Querelen Ihrer Partei in den letzten Wochen auch nicht gerade hilfreich waren, oder?*

(Frage-)Fehler Nr. 2:
Russisches Roulette

Wenn Sie das Urlaubs-Spiel tatsächlich spielen bzw. gespielt haben, dann wissen Sie, daß Berater häufig eine Alternativfrage stellen: *Wollen Sie lieber in die Berge oder ans Meer?* Diese Art zu fragen ist legitim, wenn Sie *sowohl* Berge *als auch* Meer anbieten können.

Aber angenommen, Sie können heute nur eines von beiden bieten (z.B. einen Ort an der holländischen Küste). Nun erwähnen *Sie selbst* die Berge. Wie wir schon bemerkt haben, lösen Sie durch Ihre Fragen *Bilder* (= Vorstellungen) im Kopf des Kunden aus. Angenommen, bei Ihrer Erwähnung der Berge fällt diesem die TV-Reklame für „Milch von glücklichen Kühen" ein. Er sagt sich:„Mensch, du bist dein Leben lang noch nie so richtig in den Bergen gewesen." *Und nun will er in die Berge!* Davor wollte er sie nicht, aber *jetzt haben Sie ihm die Idee eingeimpft!* Das nenne ich russisches Roulette!

In einer der fortgeschritteneren Runden des Urlaubs-Spiels erkläre ich den Zuschauern, daß ich ab jetzt bei solchen Alternativfragen (mit Hilfe eines kleinen Signals von einem Zuschauer) immer denjenigen Aspekt wählen werde, den der Berater *nicht* anzubieten hat! Sie sollten einmal sehen, was sich dann abspielt. Oder besser noch, probieren Sie es mit Freunden aus!

Hilfreich für den Spieler in der Rolle des Kunden sind Argumente wie:

Aber Sie selbst haben doch die Berge vorgeschlagen! oder *Jetzt machen Sie mal einen Punkt! Erst überzeugen Sie mich, in die Berge zu fahren, und jetzt paßt es Ihnen nicht!*

Solche Bemerkungen lösen gewaltige Aha-Momente bei dem Spieler aus, dem das passiert. Diskussionen in den Seminaren haben immer wieder ergeben, daß dieses russische Roulette auch in der Praxis häufig „gespielt" wird; dort allerdings sind seine Folgen weniger lustig als im Seminar!

(Frage-)Fehler Nr. 3: Eine Frage stellen, die man selbst sogleich beantwortet

Das brauche ich sicher nicht groß zu erläutern; achten Sie beim Fernsehen einmal darauf. Bedenken Sie, daß die sogenannte rhetorische Frage bei Gruppen sehr gut ist, weil ein jeder Hörer nachzudenken beginnt. Aber im Gespräch mit einem einzelnen Kunden ist sie reines Gift!

(Frage-)Fehler Nr. 4: Eine „Frage" stellen, die eigentlich einen Angriff darstellt

Auch das passiert weit häufiger, als uns lieb sein sollte. Wenn z.B. der Ehemann zu sei-

nen besseren Hälfte sagt: "Weißt du eigentlich, wie spät es ist?!" Oder der Chef zum Mitarbeiter: "Sie wollen doch wohl nicht schon wieder früher gehen?!" Oder der Verkäufer zum Kunden[3]:

- *Das meinen Sie doch nicht ernst?*
- *Wieso kaufen?! Heutzutage least man doch; Sie etwa nicht?*
- *Sind Sie immer so stur?*
- *Haben Sie im Ernst gedacht, Sie könnten mit einer vergleichbaren Anlage unter 45 Dezibel kommen?!*
- *Wie wollen Sie denn auf diesem Stellplatz fünf Einheiten unterbringen?!*
- *Ja, was dachten Sie denn?!*

Falls Sie meinen, kein Verkäufer würde „so etwas" zu seinem Kunden sagen, muß ich Sie enttäuschen. Sie tun es; alle obigen Beispiele sind Gesprächen aus der beruflichen Praxis der Betroffenen entnommen worden.

Falls Sie noch weitere typische Fehler identifizieren, und mir vielleicht mitteilen wollen, würde ich mich freuen. Post an den Verlag wird weitergeleitet.

So, damit sind wir am Ende angelangt. Aber vielleicht ist es auch ein neuer Anfang (zumindest, was den einen oder anderen Aspekt der Verkaufs-/Verhandlungssituation angeht)?

---

[3] Wobei wir uns den Tonfall, der aus einer Frage erst einen Angriff macht, dabei vorstellen müssen.

Literaturverzeichnis

BIRKENBIHL, VERA F.: Die Birkenbihl-Methode, Fremdsprachen zu lernen – gehirngerecht ohne Vokabelpauken, Speyer 1989 (Hierzu gibt es das Tonkassetten-Seminar „Anleitung zum Fremdsprachenlernen nach der Birkenbihl-Methode", Moderne Verlagsgesellschaft, München 1990)

BIRKENBIHL, VERA F.: Erfolgstraining, 3. Auflage, Moderne Verlagsgesellschaft, München 1990

BIRKENBIHL, VERA F.: Freude durch Streß, 7. Auflage, Moderne Verlagsgesellschaft, München 1989

BIRKENBIHL, VERA F.: Kommunikationstraining, 11. Auflage, Moderne Verlagsgesellschaft, München 1991

BIRKENBIHL, VERA F.: Psycho-logisch richtig verhandeln, 6. Auflage, Moderne Verlagsgesellschaft, München 1990

BIRKENBIHL, VERA F.: Stichwort Schule: – Trotz Schule lernen, 2., überarbeitete Auflage, Speyer 1987

BIRKENBIHL, VERA F.: Signale des Körpers, 7. Auflage, Moderne Verlagsgesellschaft, München 1991

CAPRA, FRITJOF: Wendezeit: Bausteine für ein neues Weltbild, Bern/München 1983

FERGUSON, MARILYN: Die sanfte Verschwörung: Persönliche und gesellschaftliche Transformation im Zeitalter des Wassermanns, München 1984

FESTINGER, L.: Conflict, Decision and Dissonance, Stanford University, USA, 1964

GELLERMANN, S.: Motivation and Productivity, New York 1963

GERKEN, GERD: Der neue Manager, Freiburg 1986

GORDON, THOMAS: Familienkonferenz: Die Lösung von Konflikten zwischen Eltern und Kind, Hamburg 1972

GORDON, THOMAS: Managerkonferenz: Effektives Führungstraining, Reinbek 1982

HARRIS, THOMAS: Ich bin o.k. – du bist o.k., Hamburg 1973

MASLOW, A. H.: Motivation and Personality, New York 1970

MEININGER, J.: Transactional Analysis: Die neue Methode erfolgreicher Menschenführung, München 1974

PERLS, F. et al: Gestalt Therapy: Excitement and Growth in the Human Personality, New York 1951

RATTNER, J.: Der schwierige Mitmensch: Psychotherapeutische Erfahrungen zur Selbsterkenntnis, Menschenkenntnis und Charakterkunde, Frankfurt 1973

WATSON, LYALL: Der unbewußte Mensch: Gezeiten des Lebens - Ursprung des Wissens - Lifetide, Moderne Verlagsgesellschaft, München 1989

WATZLAWICK, P.: Wie wirklich ist die Wirklichkeit?, 14. Auflage, München 1986

WATZLAWICK, P.: Die Möglichkeit des Andersseins: Zur Technik der therapeutischen Kommunikation, 2. Auflage, München 1982

WATZLAWICK, P. (Hrsg.): Die erfundene Wirklichkeit: Wie wissen wir, was wir zu wissen glauben?, München 1981

Es gibt auch einige Bücher und Tonkassetten-Programme von Vera F. Birkenbihl, die in anderen Verlagen (oder Sprachen) erschienen sind, sowie einige Produkte, die im Buchhandel nicht erhältlich sind. Falls Sie Interesse haben, senden Sie uns doch bitte eine Postkarte an unten stehende Adresse, und verlangen Sie die *Gesamt-Übersicht/Publikationen.*

A-Verlag
c/o mi-Service, Abt. EB
Justus-von-Liebig-Straße 1, 8910 Landsberg/Lech

Wenn Sie hingegen an Seminaren interessiert sind (von denen es nur extrem wenige "offene" gibt, da ich in der Regel firmenintern schule), dann fragen Sie bitte beim MVG-Verlag nach:

mvg - Moderne Verlagsgesellschaft
Seminardienst
Nibelungenstr. 84
D-8000 München 19

Stichwortverzeichnis